dtv

Sind sie Engländer oder Briten? Sie gelten als ausgesprochen patriotisch – einen nationalen Feiertag gibt es jedoch nicht. Stimmt es wirklich, dass die Engländer exzentrisch und höflich sind, warmes Bier trinken und Schlange stehen? Wie kann es sein, dass ein einziges Land die Begriffe *gentleman* und *hooligan* hervorbrachte?

England sorgt derzeit bei seinen europäischen Nachbarn für Ratlosigkeit und Kopfschütteln. John Sykes untersucht die Vorurteile über England sowie die Symbole und Mythen des Landes. Auch das sehr besondere politische System und viele merkwürdige Traditionen kommen unter die Lupe. Die Bandbreite der Themen ist groß, die Kapitel sind kurz. Nach der Lektüre in verständlicher Sprache hat der Leser auf jeden Fall seine Sprachkenntnisse geschult, vielleicht aber hat sich auch seine Sichtweise auf unsere europäischen Inselnachbarn verändert.

John Sykes, geboren in Nordengland, studierte Geschichte in Oxford. Bevor er nach Köln übersiedelte, lebte er lange Zeit in London. Er arbeitet als Übersetzer und Stadtführer und ist Autor von Reiseführern.

Harald Raykowski unterrichtete viele Jahre englische und irische Literatur an der Universität Frankfurt und hat im Laufe der Jahre rund drei Dutzend Werke der englischsprachigen Literatur übersetzt, viele davon für die Reihe <u>dtv</u> zweisprachig.

What Are the English Like?
Wie ticken die Engländer?

Erzählt von
John Sykes

Aus dem Englischen von
Harald Raykowski

Originalausgabe 2018
2. Auflage 2019
dtv Verlagsgesellschaft mbH & Co. KG, München
Die Texte sind urheberrechtlich geschützt.
Sämtliche, auch auszugsweise Verwertungen bleiben vorbehalten.
Umschlaggestaltung: dtv nach einer Idee und
unter Verwendung einer Fotomontage von Stefanie Kapp
Satz: Greiner & Reichel, Köln
Druck und Bindung: Druckerei C.H.Beck, Nördlingen
Gedruckt auf säurefreiem, chlorfrei gebleichtem Papier
Printed in Germany · ISBN 978-3-423-09542-6

What Are the English Like?
Wie ticken die Engländer?

National Character

~

Nationalcharakter

English or British?

Are these words interchangeable? Certainly not, say the Scots: we are not English! The Scots are legally British and have British passports, although many of them want independence from Britain. But what about the English? Are they British or English?

Let's start with some facts. Officially the country is "the United Kingdom of Great Britain and Northern Ireland". Great Britain consists of England, Scotland and Wales. English people are therefore also British. If you ask them how their English identity differs from their British identity, most will look puzzled. Fifty-five million of the sixty-five million British citizens live in England. This means that, ever since the union with Scotland in 1707, the English have been so dominant that they don't distinguish between Englishness and Britishness. The English do not have their own parliament, and their queen is also the monarch in Scotland. The highest-profile institution that is specifically English is probably the national football team, and that's nothing to boast about.

There are signs that a separate English identity is emerging again. The first visible sign was during the European football championships in 1996, when fans of England waved the English flag of St George, a simple red cross on a white background, instead of the British flag. Studies

Englisch oder britisch?

Sind diese Begriffe austauschbar? Ganz gewiss nicht, sagen die Schotten: Wir sind keine Engländer! Dem Gesetz nach sind Schotten Briten, und sie haben britische Pässe, auch wenn viele von ihnen gerne von Großbritannien unabhängig wären. Aber was ist mit den Engländern? Sind sie Briten oder Engländer?

Hier zunächst einige Fakten. Offiziell heißt das Land «Vereinigtes Königreich von Großbritannien und Nordirland». Großbritannien besteht aus England, Schottland und Wales. Die Bewohner Englands sind also Briten. Fragt man sie aber, inwiefern ihre englische Identität sich von der britischen unterscheidet, sind sie meist ratlos. Von den fünfundsechzig Millionen britischen Staatsbürgern leben fünfundfünfzig Millionen in England. Das bedeutet, dass die Engländer seit der Union mit Schottland im Jahre 1707 so weit in der Überzahl waren, dass sie zwischen «englisch» und «britisch» nicht unterscheiden. Die Engländer haben kein eigenes Parlament, und ihre Königin ist zugleich Königin von Schottland. Die bedeutendste rein englische Institution ist vermutlich die Fußballnationalmannschaft, und mit der ist nicht viel Ruhm zu ernten.

Es gibt aber Anzeichen dafür, dass wieder eine eigene englische Identität entsteht. Das wurde zuerst während der Fußball-Europameisterschaft 1996 sichtbar, als englische Fans anstelle der britischen Fahne die englische St. Georgs-Fahne schwenkten, ein einfaches rotes Kreuz auf weißem Grund. Untersuchungen, die nach dem Brexit-

carried out after the Brexit referendum showed that people who voted to leave the EU were more likely to see themselves as English than British. Conversely, a majority of people who described themselves as British voted against leaving the EU. However, opinion surveys show that the growing identification with England is widespread among young people, too, not only among the older, more conservative sections of the population. Interestingly, the distinction can be useful for immigrants. For example, those with an Indian background may not feel English, but some are happy to be seen as "Indian British" people.

Referendum durchgeführt wurden, haben gezeigt, dass Leute, die für den Austritt aus der EU gestimmt haben, sich eher für englisch als für britisch halten. Umgekehrt hat eine Mehrheit derjenigen, die sich als britisch bezeichneten, gegen den Austritt aus der EU gestimmt. Meinungsumfragen zeigen aber, dass eine zunehmende Identifikation mit England auch unter jungen Leuten weit verbreitet ist, nicht nur in der älteren, eher konservativen Bevölkerung. Es ist interessant, dass dieser Unterschied für Einwanderer hilfreich sein kann. Zum Beispiel fühlen sich nicht alle, die aus Indien stammen, als Engländer, aber viele sind mit der Bezeichnung «indische Briten» ganz zufrieden.

Does National Character Exist?

We like to generalise about foreign countries. When English people return from a holiday, they say things like "The Irish are so charming," or "Don't the Italians make a lot of noise!" We are all convinced that different nations have different characteristics, but is this more than a subjective impression? Yes, it is, according to some serious research.

Professor Geert Hofstede, a Dutch specialist on intercultural matters, has developed methods of measuring behaviour according to six criteria. He finds that the British are individualistic. Very few countries, for example Australia and the USA, rank higher on this point. On the criterion "need to avoid uncertainty", the British have a low score: they are much more willing to improvise and muddle through than, for example, Germans. Similarly, "long-term orientation" is lower in Britain than in Germany.

On two other criteria, by contrast, Hofstede finds that the Germans and British are very similar. Both nations are more oriented to achievement or success than to social care and quality of life. And neither Germans nor British people accept big inequalities of power between individuals. This last point is a belief that everybody should have equal rights. It is connected with the idea of fair play – and fair play, of course, is often considered to be typically English.

Gibt es einen Nationalcharakter?

Wir machen gerne verallgemeinernde Aussagen über andere Länder. Wenn Engländer aus dem Urlaub zurückkommen, sagen sie zum Beispiel «Die Iren sind ja so charmant» oder «Wie laut doch die Italiener sind!» Wir sind alle davon überzeugt, dass Nationen sich durch ihre Charaktereigenschaften unterscheiden, aber ist das mehr als nur ein subjektiver Eindruck? Einige ernsthafte Untersuchungen sagen: ja.

Professor Geert Hofstede, ein holländischer Experte für Kulturvergleiche, hat eine Methode entwickelt, um Verhalten anhand von sechs Kriterien zu messen. Er stellt fest, dass die Briten Individualisten sind. Nur wenige andere Länder wie etwa Australien oder die USA erzielen hier mehr Punkte. Bei dem Kriterium «Bedürfnis, Unsicherheit zu vermeiden» stehen die Briten weit unten. Sie sind eher bereit zu improvisieren und sich durchzuwursteln, als beispielsweise die Deutschen. Demgemäß ist «Langzeitplanung» in Großbritannien weniger wichtig als in Deutschland.

Bei zwei anderen Kriterien sind sich Deutsche und Briten dagegen sehr ähnlich, wie Hofstede feststellt. Beiden Nationen sind Leistung und Erfolg wichtiger als Sozialfürsorge und Lebensqualität. Und weder die Deutschen noch die Briten akzeptieren große Machtunterschiede zwischen einzelnen Menschen. Dahinter steht die Überzeugung, dass für alle gleiche Rechte gelten sollen, was wiederum mit dem Gedanken des Fair Play zusammenhängt – und Fair Play gilt oft als etwas typisch Englisches.

Fair Play and Queues

"I really, really don't want to do this." These are the words of Kate Fox, fortifying herself with brandy. She is a social anthropologist who investigated the English, and she needed the brandy because, as part of her research, she planned to push into queues ahead of other people at a railway station and note their reactions. She had been conditioned from childhood never to do this. Her unpleasant research confirmed what she already knew: that queue-jumping breaks an important taboo, because it goes against all the rules of fair play.

George Mikes, a Hungarian who lived in exile in Britain from 1939, wrote that "An Englishman, even if he is alone, forms an orderly queue of one." Mikes's humorous observations made his book about the English, 'How to Be an Alien. A Handbook for Beginners and Advanced Pupils', a best-seller, but the comment is misleading. The English don't like queuing. They feel it is an obligation, because everyone should be treated equally. A study made by University College London about how people wait in banks and supermarkets discovered the "rule of six". Nobody likes to join a line of more than six people. After waiting for six minutes, many give up and leave the queue. Shy of physical contact, the English also leave a gap of at least six inches between themselves and the next person. This study, too, concluded that queue-jumping is regarded as extremely bad behaviour.

Fair Play und Schlangestehen

« Mir geht das ganz und gar gegen den Strich. » Das waren die Worte von Kate Fox, als sie sich mit einem Brandy stärkte. Sie ist Sozialanthropologin und erforscht die Engländer. Den Brandy brauchte sie, hatte sie doch vor, sich als Teil ihrer Untersuchung in Warteschlangen an einem Bahnhof vorzudrängen, um zu sehen, wie die Leute reagierten. Von klein auf war sie dazu erzogen worden, das niemals zu tun. Ihr peinlicher Versuch bestätigte, was sie schon wusste: Man bricht ein Tabu, wenn man sich vordrängt, denn es verstößt gegen sämtliche Regeln des Fair Play.

George Mikes, ein Ungar, der seit 1939 im britischen Exil lebte, schrieb, dass « ein Engländer, auch wenn er allein ist, sich ordentlich hinten anstellt ». Mikes' humorvolle Beobachtungen über die Engländer haben sein Buch ‹ How to Be an Alien. A Handbook for Beginners and Advanced Pupils › zu einem Bestseller gemacht, aber seine Bemerkung ist irreführend. Die Engländer stehen gar nicht gerne Schlange. Sie finden aber, dass man es tun muss, weil alle gleich behandelt werden sollten. Eine Studie des University College London über die Art, wie sich Menschen in Banken oder Supermärkten anstellen, offenbarte die « Sechser-Regel ». Niemand stellt sich gerne in eine Schlange von mehr als sechs Personen. Wer mehr als sechs Minuten gewartet hat, gibt oft auf und verlässt die Schlange. Auch lassen die Engländer, da sie körperliche Nähe scheuen, zwischen sich und der nächsten Person einen Abstand von mindestens sechs Zoll (ca. 15 cm). Die Studie kam ebenfalls zu dem Ergebnis, dass sich sehr schlecht benimmt, wer sich vordrängt.

The importance of queuing is part of the self-image of the English. It was emphasised by government propaganda during the Second World War. The aim was to strengthen discipline and encourage patriotism through the idea that it was decent, morally right and typically English to do your duty and take your turn. The slogan "keep calm and carry on", which became popular internationally in the twenty-first century, also originated at this time.

A legendary queue is formed every year to buy tickets for the Wimbledon tennis championships. A detailed code of conduct on the Wimbledon website makes the rules extremely clear:

"1. You are in the queue if you join it at the end and remain in it until you have acquired a ticket.

2. Your position in the queue cannot be reserved by the placing of equipment.

3. You may not reserve a place in the queue for somebody else, other than in their short-term absence (e.g. toilet break, purchase of refreshments etc.).

4. Queue jumping is not acceptable and will not be tolerated."

As for rule number two above: during the "silly season" in summer, when newspapers are short of stories, reports appear in English media about German holiday-makers who reserve the sun loungers around hotel pools by putting towels on them before breakfast. That's not fair play!

Das Schlangestehen gehört wesentlich zu dem Bild, das die Engländer von sich selber haben. Während des Zweiten Weltkriegs wurde von der Regierungspropaganda besonders Wert darauf gelegt. Man wollte Disziplin und Patriotismus stärken, indem man es als anständig, tugendhaft und typisch englisch darstellte, wenn man seine Pflicht tat und abwartete, bis man an der Reihe war. Die Devise «Ruhe bewahren und weitermachen», die im einundzwanzigsten Jahrhundert in aller Welt verwendet wird, stammt auch aus dieser Zeit.

Beim Kartenverkauf für die Tennismeisterschaften von Wimbledon bildet sich jedes Jahr eine legendäre Schlange. Auf der Website von Wimbledon werden die Verhaltensregeln klipp und klar dargelegt:

«1. Sie stehen in einer Warteschlange, sobald Sie sich deren Ende angeschlossen haben, und bleiben darin, bis Sie eine Eintrittskarte erworben haben.

2. Ihr Platz in der Schlange kann nicht durch einen Gegenstand reserviert werden.

3. Sie dürfen einen Platz in der Schlange nicht für eine andere Person reservieren, außer im Falle einer kurzen Abwesenheit (z. B. Toilettenpause, Kauf von Erfrischungen o. Ä.).

4. Vordrängen ist nicht gestattet und wird nicht geduldet.»

Was die Regel Nr. 2 betrifft: Während der Saure-Gurken-Zeit im Sommer, wenn den Zeitungen der Stoff ausgeht, erscheinen in den englischen Medien öfter Berichte von deutschen Urlaubern, die sich schon vor dem Frühstück die Liegen rund um den Hotelpool mit Handtüchern reservieren. Das ist doch nicht fair!

Embarrassment

The above-mentioned researcher Kate Fox published a wonderful book entitled 'Watching the English. The Hidden Rules of English Behaviour'. Instead of applying the methods of anthropology to a remote tribe in New Guinea, Kate Fox carried out field tests in her own society. Her main conclusion was that the English suffer from a deep-rooted social illness: they feel uncomfortable and inhibited in all kinds of situations. They are easily embarrassed.

The symptoms of the illness, Kate Fox believes, are diverse. They include a reserved and polite manner, but also the opposite of this: loud and crude behaviour to compensate for feeling awkward. In her interpretation, two aspects of the English character that seem to be contradictory are different reactions with a single cause. The gentleman, on the one hand, and the lout, on the other hand, are two sides to a coin. And, to quote a well-known saying, "an Englishman's home is his castle" because at home you can live by your own rules and avoid difficult social encounters. It is considered important to have a private sphere, and to respect the privacy of others, to let them lead their own lives. The English are cautious about asking personal questions, and often begin by saying, "I don't want to be nosy, but ...?" It's embarrassing if people think you are too inquisitive,

Peinlichkeiten

Die schon erwähnte Wissenschaftlerin Kate Fox hat ein wunderbares Buch mit dem Titel ‹Watching the English. Die geheimen Regeln des englischen Verhaltens› geschrieben. Anstatt aber die Methoden der Anthropologie auf einen entlegenen Volksstamm in Neuguinea anzuwenden, hat Kate Fox in ihrer eigenen Gesellschaft Feldforschung betrieben. Wichtigstes Ergebnis war, dass die Engländer an einer tiefsitzenden sozialen Krankheit leiden: Sie fühlen sich in allen möglichen Situationen unbehaglich und gehemmt. Ihnen ist vieles peinlich.

Die Symptome dieser Krankheit sind nach Kate Fox' Überzeugung vielfältig. Dazu gehören Zurückhaltung und Höflichkeit, aber auch deren Gegenteil: lautes und ungehobeltes Verhalten, das dem Gefühl der Peinlichkeit entgegenwirken soll. Zwei Eigenschaften des englischen Charakters, die sich zu widersprechen scheinen, interpretiert sie als unterschiedliche Reaktionen auf ein und denselben Sachverhalt. Der Gentleman einerseits und der Flegel andererseits sind zwei Seiten derselben Medaille. Um eine bekannte Redensart zu zitieren: «Das Heim eines Engländers ist seine Burg», denn zuhause kann er nach seinen eigenen Regeln leben und unangenehmen Begegnungen mit anderen aus dem Weg gehen. Man legt großen Wert auf seine Privatsphäre und auch darauf, den Privatbereich anderer zu respektieren und sie nach ihrer Fasson leben zu lassen. Bei persönlichen Fragen halten sich die Engländer zurück, und oft schicken sie ein „Ich will ja nicht neugierig sein, aber…" voraus. Es ist einem peinlich, wenn die Leute

and equally embarrassing when someone asks a question that you don't want to answer. Almost everything is embarrassing, in fact!

The English also make jokes all the time, because humour covers up embarrassment. Fearing to speak openly about emotions, they react by taking nothing seriously. The English also make small talk about the weather because this is not too personal. You may bore somebody by telling them that it is raining, but you will not offend them.

denken, man sei zu aufdringlich, und genau so peinlich ist es, wenn jemand eine Frage stellt, die man nicht beantworten möchte. Im Grunde ist fast alles peinlich!

Auch machen die Engländer in einem fort Witze, denn mit Humor lässt sich Verlegenheit übertünchen. Sie schrecken davor zurück, offen über Gefühle zu reden, und folglich nehmen sie nichts ernst. Sie plaudern oberflächlich über das Wetter, denn das ist nicht zu persönlich. Wenn man jemandem sagt, dass es regnet, ist das vielleicht uninteressant, aber zumindest tritt man damit keinem zu nahe.

Fair Play and Sport

Many sports that are popular around the world originated in England in the nineteenth century. Chaotic and violent early forms of football, as well as old versions of tennis, were played centuries ago in many countries, but in their present form with the rules now internationally accepted, they come from England. Why? One reason is that Britain was the world's first industrial nation. Sports reflected this new society, with a wealthy middle class who played games like tennis, and masses of workers in industrial cities who were the spectators for professional football. Institutions like the All England Lawn Tennis Club in Wimbledon, founded in 1868, established the rules, so that everyone knew what was fair and what was unfair. The British Empire, and the cultural influence of Britain outside the empire, spread the games and their rules around the world.

In the winter months, the "beautiful game" of football competes in its homeland with the rough sport of rugby. It has been said that rugby is a game for hooligans, played by gentlemen, whereas football is a game for gentlemen, played by hooligans. This comment gives us insights into English class prejudices and British history. Rugby has its roots in Rugby School, an old-established "public school"*. In the nineteenth century, an important task of public schools was to prepare the ruling

Fair Play und Sport

Viele Sportarten, die heute auf der ganzen Welt beliebt sind, haben ihren Ursprung im England des neunzehnten Jahrhunderts. Chaotische und brutale Vorformen des Fußballs ebenso wie frühe Varianten des Tennisspiels gab es schon Jahrhunderte zuvor in vielen Ländern, aber in ihrer jetzigen Form mit international gültigen Regeln stammen sie aus England. Warum? Einer der Gründe ist, dass England die erste Industrienation der Welt war. Im Sport spiegelte sich diese neue Gesellschaft wider, die wohlhabende Mittelschicht, die zum Beispiel Tennis spielte, und Arbeitermassen in den Industriestädten, die die Zuschauer professioneller Fußballspiele waren. Institutionen wie der 1868 gegründete All England Lawn Tennis Club in Wimbledon legten die Spielregeln fest, so dass jeder wusste, was fair und was unfair war. Durch das britische Empire und den kulturellen Einfluss Großbritanniens auch jenseits des Empire breiteten sich diese Sportarten und ihre Regeln über die ganze Welt aus.

Im Winter konkurriert der Fußball, das «elegante Spiel», in seiner Heimat mit Rugby, der ruppigeren Sportart. Man sagt, Rugby sei ein Sport für Rüpel und werde von Gentlemen gespielt, während Fußball ein Sport für Gentlemen sei und von Rüpeln gespielt werde. Dieser Kommentar lehrt uns etwas über englische Klassenvorurteile und die britische Geschichte. Rugby hat seine Wurzeln in der «Rugby School», einer traditionsreichen «Public School»*. Während des neunzehnten Jahrhunderts war es eine wichtige Aufgabe der Public Schools, die

class for their role in governing the British Empire. Sports were an integral part of this. Their purpose was to strengthen virtues like manliness, patriotism, teamwork and discipline, as well as moral qualities such as fairness and self-sacrifice. The boys of the upper class were sent to public schools, where rugby supposedly made them tough and virtuous. Football was the sport of the working class, who are branded as hooligans in the comment above. We should not forget that the English upper class is also responsible for a lot of bad behaviour.

Badminton is another sport with upper-class connections. The name comes from Badminton House, the home today of the Twelfth Duke of Beaufort. In the cold winter of 1863 the children of his great-great-great grandfather, the Eighth Duke, could not play outdoors, but ball games inside the house endangered the valuable life-size portraits of horses that decorated the hall. The solution was to play a game with a feathered shuttlecock, which caused no damage.

The sport associated most strongly with fair play in England is cricket. "That's not cricket!", now an old-fashioned phrase, means "that's not fair play". The game of cricket is so strange, so incomprehensible to most of the world, and so closely associated with Englishness that it needs a chapter to itself (see page 124 f.).

* For historical reasons that are complicated to explain and not very interesting, most leading English private schools are called "public schools".

Führungsschicht darauf vorzubereiten, das britische Empire zu regieren. Sport spielte dabei eine wesentliche Rolle. Er sollte Tugenden wie Männlichkeit, Patriotismus, Teamarbeit und Disziplin ausbilden sowie Charaktereigenschaften wie Fairness und Selbstlosigkeit. Die Jungen der Oberschicht besuchten Public Schools, wo sie angeblich durch Rugby zäh und charakterfest wurden. Fußball war dagegen der Sport für Arbeiter, die, wie in dem Kommentar oben, als Rüpel abgestempelt wurden. Wir sollten aber nicht vergessen, dass auch das Betragen der englischen Oberschicht oft sehr schlecht war.

Ein anderer Sport mit Verbindungen zur Oberschicht ist Badminton. Der Name leitet sich von Badminton House her, das heute Wohnsitz des zwölften Herzogs von Beaufort ist. Im eisigen Winter von 1863 konnten die Kinder seines Urururgroßvaters, des achten Herzogs, nicht im Freien spielen, und Ballspiele im Haus hätten die lebensgroßen Porträts von Pferden gefährdet, die die Eingangshalle schmückten. Ein Spiel mit einem gefiederten Ball, der keinen Schaden anrichten konnte, löste das Problem.

Der englische Sport, der am engsten mit Fair Play verknüpft ist, ist Kricket. «That's not cricket!» ist ein inzwischen veralteter Ausdruck, der so viel bedeutet wie «Das ist nicht fair». Kricket ist ein Sport, der so sonderbar ist, so unverständlich für den Rest der Welt und der so eng mit dem zusammenhängt, was «englisch sein» bedeutet, dass dafür ein eigenes Kapitel nötig ist (s. S. 125 f.).

* Aus historischen Gründen, die schwer zu erklären und nicht sehr interessant sind, heißen die meisten Privatschulen in England Public Schools.

Underdogs and Heroes

Some high-achieving rulers are called "the Great": King Frederick II of Prussia, for example, and Alexander the Great in ancient times. One English monarch has this title, but not many people outside Britain have heard of him. Alfred the Great became ruler of Wessex, a small kingdom in south-west England, in 871, at a time when Danish Vikings threatened to conquer all of the Anglo-Saxon lands.

One of the best-known stories in English history is about King Alfred and the cakes. He was on the run, hiding from the Vikings in the home of a peasant woman. She asked him to keep an eye on cakes that she was baking. However, deep in thought, he let the cakes burn and was scolded by the woman. If this doesn't sound like the description of a great king, it is also worth knowing that Alfred later defeated the Danes, expanded his kingdom and ruled Wessex wisely. He promoted learning, including the translation of religious and philosophical works into the Old English language.

The story illustrates an interesting attitude. The English don't like hero-worship, and they love an underdog. Alfred is not a loser, but a man with his back to the wall, fighting a superior enemy. The fact that a king can be scolded by a poor peasant makes him more like-able.

Underdogs und Helden

Besonders erfolgreiche Herrscher werden manchmal « der Große » genannt, zum Beispiel König Friedrich II. von Preußen oder, in der Antike, Alexander der Große. Nur ein englischer Monarch trägt diesen Titel, aber außerhalb von Großbritannien hat kaum jemand von ihm gehört. Als Alfred der Große 871 König von Wessex wurde, einem kleinen Reich im Südwesten Englands, drohte den angelsächsischen Ländern eine Invasion durch die dänischen Wikinger.

Eine der bekanntesten Anekdoten aus der englischen Geschichte ist die von König Alfred und den Kuchen. Auf der Flucht vor den Wikingern versteckte er sich im Haus einer Bäuerin. Sie bat ihn, auf ihre Kuchen aufzupassen, die sie im Backofen hatte. Er war aber tief in Gedanken und ließ die Kuchen anbrennen, wofür er von der Frau gescholten wurde. Das klingt vielleicht nicht nach einem großen König, aber man darf nicht vergessen, dass Alfred später die Dänen besiegte, sein Königreich ausweitete und Wessex weise regierte. Er förderte die Gelehrsamkeit, unter anderem die Übersetzung religiöser und philosophischer Werke ins Altenglische.

Diese Geschichte ist ein Beispiel für eine bemerkenswerte Einstellung. Die Engländer mögen keine Heldenverehrung, und sie lieben Underdogs. Alfred ist kein Verlierer, aber er steht mit dem Rücken zur Wand, während er gegen einen überlegenen Gegner kämpft. Die Vorstellung, dass ein König von einer einfachen Bäuerin gescholten werden kann, macht ihn nur umso liebenswerter.

One of the episodes from the Second World War of which the English are most proud was part of a defeat – a "colossal military disaster" in the words of Winston Churchill. When German forces invaded Belgium and France in May 1940, a British army of about four hundred thousand men was cut off. To evacuate them from the beaches at Dunkirk, every available boat, including hundreds of small, privately owned vessels, sailed across the English Channel. Most of the stranded soldiers were rescued, but sixty-eight thousand were killed or taken prisoner. The British forces lost almost all of their equipment. This is remembered as a heroic operation, in which fishermen and boat owners risked their lives under fire from the German air force. The "Dunkirk spirit", as it is known, is the determination to fight in all circumstances, even if your opponent seems stronger. The English do have some heroes, but it helps if they are not too perfect. One of the greatest national military figures was the fearless Admiral Nelson, who paid no attention to his personal safety in naval battles during the wars against Napoleon. As a result, he lost an arm and the use of one eye. A noble death on the deck of his flagship, when a French bullet hit him, set the seal on a glorious career.

A liking for the underdog can often be seen at sporting events. At Wimbledon, for example, the crowd's favourite is not usually the same player as the bookmakers' favourite. A national hero who was not a winner is Captain Robert Scott.

Eine Episode aus dem Zweiten Weltkrieg, auf die die Engländer besonders stolz sind, war Teil einer Niederlage – einer «verheerenden militärischen Katastrophe», wie Winston Churchill sagte. Als deutsche Truppen im Mai 1940 in Belgien und Frankreich einmarschierten, wurde eine britische Armee von etwa vierhunderttausend Mann abgeschnitten. Um sie von den Stränden bei Dünkirchen zurückzuholen, fuhren alle verfügbaren Schiffe, darunter Hunderte kleiner Boote privater Besitzer, über den Ärmelkanal. Die meisten der Soldaten wurden gerettet, aber achtundsechzigtausend kamen ums Leben oder wurden gefangengenommen. Die britischen Streitkräfte verloren fast ihre gesamte Ausrüstung. Dies ist als heldenhafte Operation in Erinnerung geblieben, bei der Fischer und Bootsbesitzer unter dem Beschuss der deutschen Luftwaffe ihr Leben riskierten. Diese Entschlossenheit, unter allen Umständen weiterzukämpfen, auch wenn der Gegner stärker zu sein scheint, bezeichnet man als «Geist von Dünkirchen». Gewiss haben die Engländer einige Helden, aber sie sollten nicht zu vollkommen sein. Eine der größten militärischen Persönlichkeiten des Landes war der furchtlose Admiral Nelson, der sich in Seeschlachten während der Kriege gegen Napoleon nie um seine eigene Sicherheit kümmerte. Die Folge war, dass er einen Arm und ein Auge verlor. Als er schließlich von einer französischen Kugel getroffen wurde, beendete ein heldenhafter Tod auf dem Deck seines Flaggschiffs seine ruhmreiche Karriere.

Wie beliebt Underdogs sind, erlebt man oft bei Sportereignissen. In Wimbledon zum Beispiel ist der Publikumsliebling meistens nicht identisch mit dem Favoriten der Wettbüros. Ein Nationalheld, der nicht zu den Siegern gehörte, ist Captain Robert Scott. Er wollte als Erster den

Aiming to be the first man to reach the South Pole, Scott reached his destination in 1912, but found that the Norwegian explorer Amundsen had got there five weeks earlier. All members of the expedition died on the return journey. As their food ran out, one of Scott's companions, Captain Oates, left the tent and walked to his death saying, according to Scott's diary, "I am just going outside and may be some time". Oates' last words remind us of one more characteristic that the English admire: understatement.

Südpol erreichen, aber als er 1912 dort eintraf, musste er feststellen, dass der norwegische Entdecker Amundsen ihm um fünf Wochen zuvorgekommen war. Alle Mitglieder der Expedition kamen auf dem Rückweg ums Leben. Als sich ihre Vorräte erschöpften, verließ einer von Scotts Kameraden, Captain Oates, das Zelt, um in den sicheren Tod zu gehen. Scotts Tagebuch zufolge sagte er «Ich gehe mal nach draußen und bleibe wahrscheinlich eine Weile». Oates' letzte Worte sind typisch für etwas, das die Engländer ebenfalls besonders schätzen: Untertreibung.

Trumpet-Blowing

An Englishman, a Frenchman and a German are sentenced to death. Each of them is granted a last wish. The Frenchman's wish is no surprise: "Give me an excellent meal before I die." The German says "I would like to make one last speech." And the Englishman replies "Just shoot me before the German makes his speech!"

Is this joke unfair to the Germans? Possibly, but the author heard it from a German. Self-important people are disliked all over the world, but the English are especially sensitive to this. They prefer to make a joke than to take themselves seriously. Instead of "blowing your own trumpet", it is considered better to understate things and speak modestly. If you pass an examination with flying colours, you say "I did alright", not "I got a brilliant result". The unpopularity of boastful people leads to false modesty: playing down your own achievements, even making a comic display of how bad you are. Examples of this are the politician Boris Johnson, who conceals his ambition behind a façade of charming clumsiness, and the actor Hugh Grant in his roles as a mixed-up, diffident Englishman.

It is also considered good manners to understate difficulties. The English prefer to suffer in silence than to moan, and many of them are unbelievably reluctant to complain in a restau-

Wichtigtuerei

Ein Engländer, ein Franzose und ein Deutscher sind zum
Tode verurteilt. Jeder von ihnen hat einen letzten Wunsch
frei. Der Wunsch des Franzosen lautet natürlich: «Bevor
ich sterbe, möchte ich noch einmal gut essen.» Der Deutsche sagt: «Ich möchte noch eine letzte Rede halten.»
Darauf der Engländer: «Bitte erschießt mich, bevor der
Deutsche seine Rede hält!»

Ist dieser Witz ungerecht gegenüber den Deutschen?
Mag sein, aber es war ein Deutscher, der ihn dem Autor
erzählt hat. Wichtigtuer sind überall unbeliebt, aber die
Engländer reagieren auf sie besonders empfindlich. Sie
machen lieber einen Witz, als sich selbst zu ernst zu nehmen. Man findet es besser, zu untertreiben und sich zu-
rückhaltend zu äußern, anstatt sich aufzuplustern. Wenn
man eine Prüfung mit Glanz und Gloria bestanden hat,
sagt man «Ich hab's ganz gut gemacht» und nicht «Meine
Noten waren phantastisch». Dass Angeber so unbeliebt
sind, kann zu falscher Bescheidenheit führen. Dann werden eigene Leistungen heruntergespielt, und man macht
sich sogar lustig über seine Mängel. Beispiele dafür sind
der Politiker Boris Johnson, der seinen Ehrgeiz hinter
einer Fassade von drolliger Unbeholfenheit verbirgt, oder
der Schauspieler Hugh Grant in der Rolle des konfusen,
zaghaften Engländers.

Auch wenn man Schwierigkeiten hat, gilt Untertreibung
als die angemessene Reaktion. Die Engländer dulden lieber
schweigend, als zu klagen, und sich in einem Restaurant
zu beschweren widerstrebt ihnen sehr, auch wenn Bedie-

rant, however bad the service or the food. If a problem really cannot be ignored, they prefer to take a humorous approach to it. The story is told of the owner of a shop in London that lost some of its roof and walls after bombing in the Second World War. He put up a sign to show that he was still operating – not the standard phrase, "Business as usual", but "More open than usual".

nung oder Essen miserabel sind. Und wenn man an einem Problem wirklich nicht vorbeikommt, dann nehmen sie es am liebsten mit Humor. Es gibt da eine Geschichte von dem Mann, dessen Londoner Laden im Zweiten Weltkrieg durch Bomben Teile des Dachs und der Wände verlor. Er brachte ein Schild an, um zu zeigen, dass der Betrieb weiterging – aber nicht mit den üblichen Worten «Der Laden ist weiter geöffnet» sondern «Der Laden ist noch weiter geöffnet als sonst».

The Tolerance Test

It is often said that the English are models of politeness, patience and tolerance. They stand quietly in queues. They apologise if you tread on their toes. Without complaint, they will put up with almost anything.

The "tolerance test" below enables visitors to England to find out if these clichés are really true. Before trying this, you need some equipment: a pair of running shoes so you can get away quickly; a helmet in case you can't get away quickly; health insurance, including cover for the costs of a few nights in hospital.

1. Tread on someone's foot in a crowded place, for example on a bus or train, as if by accident. Listen to what the victim says.
2. Repeat 1) above, but make it seem deliberate. Is the reaction any different?
3. Take a taxi in London. At the end of the journey, when the cabbie asks for his fare, tell him you will credit his PayPal account. If he insists on cash, offer euros.
4. At a football match, inform the person in the next seat that you have come from Germany to find out why the nation that invented football is so bad at the game. Say you are looking forward to seeing a missed penalty.
5. Order a pint of beer in a pub. Take one sip,

Der Toleranztest

Die Engländer gelten oft als Muster an Höflichkeit, Geduld und Toleranz. Sie warten still in einer Schlange. Sie entschuldigen sich, wenn ihnen jemand auf die Füße tritt. Sie ertragen fast alles, ohne zu klagen.

Mit dem folgenden « Toleranztest » können Englandbesucher selbst feststellen, inwieweit diese Klischees zutreffend sind. Bevor Sie die Probe machen, brauchen Sie etwas Ausrüstung: ein Paar Laufschuhe, so dass Sie schnell wegrennen können; einen Helm, falls Sie nicht schnell genug wegrennen können; eine Krankenversicherung, die auch die Kosten für einige Nächte im Krankenhaus bezahlt.

1. Treten Sie jemandem an einem belebten Ort, zum Beispiel in einem Bus oder Zug, wie zufällig auf die Füße. Achten Sie darauf, was das Opfer sagt.
2. Wiederholen Sie Vorgang 1, aber so, dass es absichtlich wirkt. Ist die Reaktion anders?
3. Nehmen Sie in London ein Taxi. Sagen Sie dem Fahrer, wenn er am Ende der Fahrt sein Geld verlangt, dass Sie es auf sein PayPal-Konto einzahlen. Falls er auf Bargeld besteht, bieten Sie ihm Euros an.
4. Sagen Sie der Person, die bei einem Fußballmatch neben Ihnen sitzt, dass Sie aus Deutschland angereist sind, um herauszufinden, warum das Land, das dieses Spiel erfunden hat, so schlecht spielt. Sagen Sie, Sie freuen sich darauf, einen verschossenen Elfmeter zu sehen.
5. Bestellen Sie in einer Kneipe ein Bier. Trinken Sie einen

then go back to the bar and ask the landlord
to serve the beer properly, i.e. much colder,
with a head of foam rising above the rim
of the glass. If he refuses or pretends not
to understand, demand your money back.
6. Go to a fish and chip shop at a busy time,
taking a ruler. When you get your chips,
measure them and tell the staff that, according to European Union regulations,
chips must have a minimum average
length of 9.75 centimetres. If you do this
after Britain leaves the EU, insist that
the regulation still applies and threaten
to take the case to the European Court of
Justice.

Schluck, bringen Sie es zurück zur Theke und bitten Sie den Wirt, Ihnen ein *richtiges* Bier zu geben, d. h. viel kälter, mit einer Schaumkrone, die über den Glasrand reicht. Wenn er sich weigert oder so tut, als verstünde er nicht, verlangen Sie Ihr Geld zurück.

6. Gehen Sie, wenn Hochbetrieb herrscht, in eine *Fish-and-Chips*-Bude und nehmen Sie einen Zollstock mit. Wenn Sie Ihre Pommes bekommen, messen Sie sie und sagen Sie dann dem Personal, dass Pommes frites nach den Vorschriften der Europäischen Union durchschnittlich 9,75 Zentimeter lang sein müssen. Wenn Sie dasselbe tun, nachdem Großbritannien die EU verlassen hat, beharren Sie darauf, dass diese Vorschrift noch immer gilt, und drohen Sie damit, vor dem Europäischen Gerichtshof zu klagen.

Some Problems –
Food, Weather, Language

❧

Einige Probleme –
Essen, Wetter, Sprache

Does Weather Make a Difference?

Yes, the English climate is cool. And yes, it often rains. You can't deny the facts. However, you can defy them.

In your mind's eye, picture the following scene. It is a cool and rainy summer evening. An event in the style of the 1920s is being held in the park of a country house. Veteran cars, some of them open-top, are parked in a wet field. Ladies in backless dresses and high heels walk carefully across muddy grass, trying not to shiver. Men in old-fashioned suits follow, carrying heavy picnic baskets or folding tables and chairs. They spend the evening drinking champagne or chilled white wine, and have prepared elaborate meals of smoked salmon, salads and desserts. Some have a broad umbrella for shelter, while others simply sit beneath the sky, grandly oblivious of the temperature, the drizzle and the falling darkness.

This behaviour may be absurd, but it is also magnificent. Even though the English talk about the weather all the time, they also often seem to ignore it. Open-air theatre performances or film screenings are surprisingly frequent. In wintry conditions, many young women go out in short skirts without tights on Friday nights. Men wear shorts or short-sleeved shirts in chilly conditions. For some, this is about seeming tough. When the

Spielt das Wetter eine Rolle?

Ja, das englische Klima ist kühl. Und ja, es regnet oft. Diese Tatsachen kann man nicht leugnen. Aber man kann ihnen trotzen.

Stellen Sie sich folgende Szene vor. Es ist ein kühler, regnerischer Sommerabend. Im Park eines Landschlosses findet eine Veranstaltung im Stil der 1920er Jahre statt. Auf einem feuchten Feld stehen Oldtimer, manche mit offenem Verdeck. Damen in rückenfreien Kleidern und mit hohen Absätzen gehen vorsichtig über den aufgeweichten Rasen und versuchen, nicht vor Kälte zu zittern. Herren in altmodischen Anzügen folgen ihnen und tragen schwere Picknickkörbe oder Klapptische und Klappstühle. Sie verbringen den Abend damit, Champagner oder gekühlten Weißwein zu trinken und die vielen feinen Dinge zu verzehren, die sie mitgebracht haben: Räucherlachs, Salate und Desserts. Manche sitzen unter einem großen Schirm, andere dagegen unter freiem Himmel, und sie schenken der Temperatur, dem Nieselregen und der hereinbrechenden Dunkelheit keinerlei Beachtung.

Man mag dieses Verhalten absurd finden, aber es hat auch etwas Bewundernswertes. Obwohl die Engländer fortwährend vom Wetter reden, ignorieren sie es oft. Freilichttheater und -kinos gibt es erstaunlich häufig. Viele junge Frauen tragen, wenn sie am Freitagabend ausgehen, auch bei Winterwetter nur kurze Röcke und keine Strumpfhosen. Männer haben kurze Hosen und kurzärmelige Hemden an, selbst wenn es eisig ist. Manche wollen damit zeigen, wie abgehärtet sie sind. Als Regenschirme (die kei-

umbrella (which was not invented in England!) first appeared on the streets of London two hundred and fifty years ago, it was considered French and effeminate – not the kind of thing a real man would carry. Often enough, the country seems unprepared for its weather. Just ask a train traveller. Each autumn the company responsible for the tracks is taken by surprise when leaves unexpectedly fall from the trees and cover the rails. A light fall of snow brings everything to a stop, on roads as well as railways, because the English know nothing about winter tyres.

Does weather affect national character, as some have speculated? In Ireland it rains even more than in England, but who thinks the Irish are more melancholy than the English? No one ever suggests that the relatively dry weather in the east of England makes people in that region different from inhabitants of the wetter west. Nevertheless, the weather certainly influences the way of life. A traditional pub has the character of a warm, cosy refuge from the cold world outside. Some pubs have an open fire. Many have carpets on the floor, which astonishes visitors from abroad for practical and hygienic reasons. Pubs do not usually have large windows, and the glass is often opaque. They are not as open to the world as cafés in a country with a warmer climate.

ne englische Erfindung sind!) vor zweihundertfünfzig Jahren zuerst auf den Londoner Straßen auftauchten, galten sie als etwas Französisches und Verweichlichtes – nichts, was ein richtiger Mann mit sich führen würde. Häufig sieht es so aus, als würde das Land vom Wetter überrascht. Man muss nur einen Bahnreisenden fragen. Jeden Herbst trifft es die Gesellschaft, die für die Eisenbahngleise verantwortlich ist, unvorbereitet, wenn unerwartet Blätter von den Bäumen fallen und die Gleise bedecken. Schon bei leichtem Schneefall kommt alles zum Stillstand, auf Straßen wie Bahnstrecken, denn Winterreifen sind den Engländern unbekannt.

Hat das Wetter, wie manche behaupten, Einfluss auf den Nationalcharakter? In Irland regnet es noch mehr als in England, aber wer käme auf den Gedanken, dass die Iren schwermütiger wären als die Engländer? Niemand hat je behauptet, dass die Einwohner im Osten Englands, wo es relativ trocken ist, sich von denen im feuchteren Westen unterscheiden. Trotzdem beeinflusst das Wetter die Lebensweise. Ein traditioneller Pub bietet eine warme, gemütliche Zuflucht vor der Kälte draußen. In manchen Pubs brennt ein Feuer im Kamin. Einige haben einen Teppichboden, was Besucher aus dem Ausland aus praktischen und hygienischen Gründen erstaunlich finden. Nur selten haben Pubs große Fenster, und die Fensterscheiben sind oft mattiert. Sie schließen sich nach außen eher ab als Cafés in wärmeren Ländern.

Global Warming –
A Blessing for England?

If England is a cool, wet country, why not look forward to climate change? Down-at-heel seaside resorts like Blackpool and Scarborough in the north could win back the holiday-makers whom they lost to the Mediterranean and the Canary Islands decades ago. Suppliers of barbecue equipment and garden furniture might see their profits go through the roof.

Unfortunately it is not as simple as that. One group that expects to benefit are the wine-growers in the south of England, especially in Kent. "Ignorant foreigners" find it hard to believe that good-quality wines are produced in England, but it is true. The chalk soils of the south of England have wine-growing conditions similar to those in the Champagne region. Some English wine farmers have even suggested that one day their land will be a better place to make champagne than anywhere in France.

These optimists are a minority, however. A rise in sea levels threatens farming land. The increase in extreme weather phenomena is a serious challenge, as violent winter storms lead to coastal erosion. This is noticeable in East Anglia, where the sea has nibbled at the land for centuries, but also in the west, which is battered by Atlantic waves. Severe winter rainfall has caused flooding in many regions in recent years.

Erderwärmung –
ein Segen für England?

Wenn es in England kühl und feucht ist, warum sollte man sich dann nicht einfach über den Klimawandel freuen? Notleidende Seebäder im Norden wie Blackpool oder Scarborough könnten die Urlauber zurückgewinnen, die vor Jahrzehnten ans Mittelmeer oder auf die Kanarischen Inseln abgewandert sind. Hersteller von Grillzubehör und Gartenmöbeln könnten riesige Geschäfte machen.

Leider ist es nicht ganz so einfach. Zu denen, die mit Vorteilen rechnen, gehören die Winzer in Südengland, vor allem in Kent. «Unwissende Ausländer» können es kaum glauben, dass aus England gute Weine kommen, aber es stimmt. Die Kalkböden im Süden des Landes bieten für den Anbau von Reben ähnliche Bedingungen wie die Champagne. Einige englische Weinbauern glauben sogar, dass sich eines Tages in ihrer Region Sekt besser herstellen lässt als irgendwo in Frankreich.

Diese Optimisten sind aber in der Minderheit. Ackerland ist vom steigenden Meeresspiegel bedroht. Die Zunahme extremer Wetterereignisse bedeutet eine ernste Gefahr, denn heftige Winterstürme führen zur Erosion der Küsten. Das lässt sich in East Anglia beobachten, wo das Meer schon seit Jahrhunderten am Land nagt, aber auch im Westen, wo gewaltige Brecher vom Atlantik heranrollen. Heftige Regenfälle haben in den letzten Jahren während des Winters in vielen Regionen Überschwemmungen verursacht.

Spring comes earlier, which favours some species of trees and animals, and is a disadvantage to others. Gardeners have to mow their lawns all year round, and in the drier south-east, where water shortages occur in summer, they are banned from using hosepipes to keep the grass green.

Der Frühling beginnt zeitiger, was für manche Bäume und Tiere gut ist, für andere aber schlecht. Gartenbesitzer müssen ihren Rasen das ganze Jahr über mähen, aber im Südosten, wo es trockener ist und im Sommer zu Wassermangel kommt, dürfen sie keine Rasensprenger benutzen.

Sandwiches and Stars

"In England they have sixty religions and only one sauce." This quote is attributed to Domenico Carraciolo from Naples, where of course there was one religion and many sauces. Carraciolo served as a diplomat in London for seven years in the 1760s. More than two hundred and fifty years later, English food still has a bad reputation. Deservedly? The French begin a meal by saying "Bon appétit!" Is there a good reason why the English usually say nothing?

The Sandwiches

An important but dubious English contribution to world cuisine is the sandwich. According to a well-known story, it was invented in the mid-eighteenth century by the Fourth Earl of Sandwich. He was supposedly a passionate gambler, and wanted a filling snack that did not distract him from the card table. A modern biographer writes that the Fourth Earl was in truth a hard-working government minister, responsible for the Royal Navy, who probably ate the sandwiches at his desk. If so, he was the founder of a great tradition. Today, English office workers buy huge quantities of sandwiches because, in the age of multi-tasking, they are the ideal lunch for people

Sandwiches und Sterne

«In England haben sie sechzig Religionen, aber nur eine einzige Soße.» Dieser Ausspruch wird Domenico Carraciolo zugeschrieben, der aus Neapel kam, wo es natürlich nur eine Religion gab, aber viele verschiedene Soßen. Carraciolo war in den 1760er Jahren sieben Jahre lang Diplomat in London. Mehr als zweihundertfünfzig Jahre später hat englisches Essen immer noch einen schlechten Ruf. Zu Recht? Zu Beginn einer Mahlzeit sagen die Franzosen «Bon appétit!». Hat es vielleicht gute Gründe, warum die Engländer für gewöhnlich gar nichts sagen?

Sandwiches

Ein wichtiger, aber fragwürdiger englischer Beitrag zur internationalen Gastronomie ist das Sandwich. Einer bekannten Geschichte zufolge wurde es Mitte des achtzehnten Jahrhunderts vom vierten Earl of Sandwich erfunden. Er war, wie es heißt, ein leidenschaftlicher Spieler, der einen sättigenden Imbiss haben wollte, für den er den Kartentisch nicht verlassen musste. Ein Biograph unserer Tage schreibt aber, dass der vierte Earl in Wahrheit ein fleißiger Minister war, zuständig für die Königliche Marine; seine Sandwiches aß er vermutlich am Schreibtisch. Wenn das stimmt, dann steht er am Anfang einer langen Tradition. Heutige Büroangestellte in England verzehren enorme Mengen Sandwiches, denn in diesem Zeitalter des «Multitasking» sind sie das ideale Mittagessen für Leute,

who have no time and need maximum flexibility. The British eat four billion ready-made sandwiches per year. This is big business, employing three hundred thousand people in small kitchens and large factories. There is even a British Sandwich Association, which presents annual awards (The Sammies) to, for example, the Sandwich Designer of the Year.

Lots of creative thought goes into new sandwich fillings and innovative ingredients that stay fresh and crispy. In the bad old days, hungry office workers consumed unnamed cheese in stale white bread that curled at the edges. Now they get goat's cheese with caramelised red-onion chutney. Or crayfish and rocket in organic wholemeal bread. Industry insiders say Britain leads with world in the technology and marketing of food-to-go. This is surely a sign of a modest culinary heritage. In France and Spain, more people take time to eat a good midday meal. English lunch-time habits confirm what the critics say.

By the way: the Fourth Earl's original sandwich was salt beef in toasted bread, so don't believe the satirical story by Woody Allen claiming that it was one slice of bread between two slices of turkey. When the town of Sandwich held a festival in 2012 to mark the two hundred and fiftieth anniversary of the first written mention of the sandwich, the Eleventh Earl was invited. He declared that his favourite was roast beef with horseradish sauce.

die wenig Zeit haben und sehr flexibel sein müssen. Die Briten verspeisen im Jahr vier Milliarden solcher belegten Brote. Das ist ein großes Geschäft mit dreihunderttausend Beschäftigten in kleinen Küchen und großen Betrieben. Es gibt sogar einen britischen Sandwichverband, der alljährlich Preise (die «Sammies») verleiht, zum Beispiel für den Sandwichdesigner des Jahres.

Eine Menge Phantasie wird darauf verwendet, neue Beläge und neue Zutaten für Sandwiches zu entwickeln, die frisch und knackig bleiben. In der schlechten alten Zeit aßen hungrige Büroangestellte x-beliebigen Käse auf vertrockneten Weißbrotscheiben, die sich an den Seiten wellten. Heutzutage bekommen sie Ziegenkäse mit Chutney von karamellisierten roten Zwiebeln oder Krebsschwänze und Rucola auf Biovollkornbrot. Kenner dieser Industrie sagen, dass Großbritannien weltweit führend bei der Herstellung und Vermarktung von Speisen zum Mitnehmen ist. Das zeugt aber eher von einer bescheidenen Esskultur. In Frankreich und Spanien nehmen sich die Menschen mehr Zeit für ein gutes Mittagessen. Die Gewohnheiten der englischen Mittagspause bestätigen nur, was die Kritiker sagen.

Übrigens: Das Original-Sandwich des vierten Earl bestand aus Toastbrot mit gepökeltem Rindfleisch. Man sollte also Woody Allens satirischer Behauptung, es sei eine Scheibe Brot zwischen zwei Scheiben Truthahnbrust gewesen, keinen Glauben schenken. Als sich die erste schriftliche Erwähnung des Sandwiches im Jahr 2012 zum zweihundertfünfzigsten Mal jährte, veranstaltete das Städtchen Sandwich ein Fest, zu dem auch der elfte Earl geladen war. Er habe Roastbeef mit Meerrettichsoße am liebsten, sagte er.

The Stars

The restaurant scene in England has changed greatly in the last thirty years, probably because the country is richer and more cosmopolitan than it used to be. Immigrants from all over the world have brought their exotic cuisines to the island. The English travel abroad, enjoy the food they discover there, and have enough money to eat it in restaurants at home. They can also cook it themselves, if they don't simply microwave it, because cookbooks are piled high in every bookshop, and British supermarkets actively and creatively look for new products to sell. Some of the most popular television programmes are about cooking and baking.

At the tip of the gastronomic iceberg are about one hundred and sixty Michelin-starred restaurants – more than ever before in Britain. In the Michelin Guide for 2019, five establishments gained the top honour of three stars – three in London and two in the village of Bray on the river Thames near Windsor, which is a place of pilgrimage for gourmets. Nineteen restaurants were awarded two stars, and one hundred and thirty-five a single star. Although there is a concentration in London, they are also scattered across the land. Some of them are country pubs, and even the city of Birmingham is shaking off its awful reputation thanks to five Michelin-starred restaurants.

Chefs, too, have acquired star status. Gordon Ramsay became famous for a TV series called 'Hell's Kitchen', in which he visited other restaurants and gave advice in characteristically plain

In den letzten dreißig Jahren hat sich die Restaurant-
szene in England sehr verändert, wohl deshalb, weil das
Land heute wohlhabender und weltoffener ist als früher.
Zuwanderer aus der ganzen Welt haben ihre exotischen
Speisen auf die Insel mitgebracht. Die Engländer reisen
ins Ausland, entdecken dort Dinge, die ihnen schmecken,
und sie haben genug Geld, um dasselbe dann zuhause im
Restaurant zu essen. Wollen sie es nicht nur in der Mi-
krowelle aufwärmen, so können sie es sich auch selber
zubereiten, denn in jeder Buchhandlung türmen sich die
Kochbücher, und britische Supermärkte lassen sich viel
einfallen, um immer neue Produkte anzubieten. Einige
der beliebtesten Fernsehsendungen drehen sich ums Kochen und Backen.

Die Spitze des gastronomischen Eisbergs bilden die
etwa hundertsechzig Restaurants, die einen Michelin-
Stern haben – mehr als je zuvor in Großbritannien. Im
Michelin-Führer von 2019 tragen fünf Lokale die höchste
Auszeichnung: drei Sterne – davon drei in London und
zwei in der Ortschaft Bray an der Themse bei Windsor,
einer Wallfahrtsstätte für Feinschmecker. Neunzehn Restaurants haben zwei Sterne erhalten und hundertfünf-
unddreißig einen. In London gibt es davon zwar besonders viele, aber sie sind überall im Land zu finden. Einige
sind Pubs auf dem Land, und sogar die Stadt Birmingham
wird langsam ihren schlechten Ruf los, dank fünf Restaurants mit Michelin-Stern.

Auch Küchenchefs sind zu Stars geworden. Gordon
Ramsay wurde durch eine Fernsehserie namens ‹ Hell's
Kitchen › berühmt, in der er andere Restaurants besuchte
und mit unverblümten Worten Ratschläge erteilte.

language. In fact he likes to swear violently – but then, after all, Ramsay is Scottish, and not a polite Englishman. Another TV chef whose accent betrays his origin is Jamie Oliver from the county of Essex. Oliver will never get three Michelin stars like Ramsay, but perhaps he has more influence. He is a best-selling author of cookery books, runs a chain of Italian restaurants, and is committed to social projects, training unemployed young people as chefs and campaigning to raise the quality of school meals.

London is a top global destination for fine dining, and highly cosmopolitan – the choice of non-European food is no longer limited to Indian or Chinese, but includes, for example, cuisine from Nepal, Ethiopia, Peru and Jamaica. So have the English abandoned their own tradition? By no means! "Modern British cooking" combines excellent regional ingredients with influences from around the world and gives new interpretations of old recipes. Farmers' markets, where local suppliers sell their produce, have appeared everywhere. Bad habits have not died out completely – there are still cooks who boil their vegetables until the taste and vitamins are lost, or who don't seem to have heard about herbs and spices – but all in all, the question "Is English food as bad as its reputation?" can be answered with a clear "No!"

Genauer gesagt flucht er hemmungslos – aber schließlich ist Ramsay Schotte und kein gesitteter Engländer. Ein weiterer Fernsehkoch, dem man sofort anhört, dass er aus der Grafschaft Essex stammt, ist Jamie Oliver. Oliver wird nie drei Michelin-Sterne bekommen wie Ramsay, aber dafür ist er sehr einflussreich. Er hat Kochbücher geschrieben, die Bestseller sind, betreibt eine Kette von italienischen Restaurants und ist sozial engagiert, indem er junge Arbeitslose zu Köchen ausbildet und sich für eine Verbesserung des Schulessens einsetzt.

London gilt weltweit als eine Topadresse für erstklassige und internationale Küche. Die Auswahl nichteuropäischer Speisen beschränkt sich nicht mehr auf indische und chinesische, sondern schließt beispielsweise auch solche aus Nepal, Äthiopien, Peru und Jamaika ein. Haben die Engländer sich also von ihrer eigenen Tradition verabschiedet? Keineswegs! «Moderne englische Küche» verbindet hervorragende regionale Zutaten mit Einflüssen aus aller Welt und interpretiert alte Rezepte auf neue Weise. Überall sind Wochenmärkte entstanden, wo Bauern aus der Region ihre Ware anbieten. Die schlechten Gewohnheiten sind nicht ganz ausgestorben – es gibt immer noch Leute, die ihr Gemüse kochen, bis von Geschmack und Vitaminen nichts mehr übrig ist, und die anscheinend noch nie von Kräutern und Gewürzen gehört haben –, aber alles in allem kann man die Frage «Ist das Essen in England so schlecht wie sein Ruf?» mit einem klaren «Nein!» beantworten.

Ough!

English has become the global language. When Chinese people speak to South Americans at a conference, or Greek employees of a company to their African colleagues, normally they communicate in English. For the French, this is hard to swallow. The dominance of English is not, of course, the result of a decision by a committee of experts. It is a result of the global influence of the United States rather than the importance of Britain.

Would a committee of experts have chosen English? It is a rich and beautiful language, but has one huge disadvantage: chaotic, illogical spelling. An extreme example of this is the syllable "ough".

"Tough" sounds like "stuff".

Add an "h" to this word: "though", pronounced like "so".

Now include an "r": "through", which rhymes with "you".

Take out the "h" again: you get "trough", and it rhymes with "off".

One spelling, four different sounds. If you think four variants are more than enough, then it's time to meet "bough", which sounds like "how".

Wow! For learners, this is tough stuff.

How did it happen? Why did nobody put a stop to this madness?

Ough!

Englisch ist zur internationalen Verkehrssprache geworden. Wenn Chinesen sich bei einer Konferenz mit Südamerikanern unterhalten oder griechische Angestellte einer Firma mit ihren Kollegen aus Afrika, dann tun sie das meist auf Englisch. Für Franzosen ist das schwer zu verdauen. Natürlich geht die Vorherrschaft des Englischen nicht auf den Beschluss eines Komitees von Fachleuten zurück. Sie ist das Ergebnis des globalen Einflusses der Vereinigten Staaten und nicht etwa der Bedeutung Großbritanniens.

Ob ein Komitee von Fachleuten sich wohl für das Englische entschieden hätte? Es ist eine reiche und schöne Sprache, hat aber einen großen Nachteil: die chaotische, unlogische Schreibweise. Ein extremes Beispiel hierfür ist die Silbe «ough».

«Tough» klingt wie «taff».

Fügt man ein «h» ein, und das Wort «though» wird ähnlich wie «so» ausgesprochen.

Schiebt man noch ein «r» dazwischen, und «through» reimt sich auf «ruh».

Nimmt man das «h» wieder weg, dann bekommt man «trough», das sich auf «off» reimt.

Eine Schreibweise, vier verschiedene Laute. Und wer glaubt, vier Varianten seien mehr als reichlich, der kennt «bough» noch nicht, das wie «bau» klingt.

Wow! Für jemanden, der Englisch lernt, ist das ziemlich «tough» (oder hart).

Wie ist es nur dazu gekommen? Warum hat niemand diesem Irrsinn Einhalt geboten?

The English language has no "police", no institution like the Académie Française or the German publication Duden. No one has the authority to rationalise English and make it fit for international business in the twenty-first century. The language has grown organically over many centuries, with diverse influences, including the Old English that was spoken fifteen hundred years ago, the Norse language brought by Vikings, and a version of French that arrived when the land was conquered by Norman warriors in 1066.

There have been proposals for reform, for example by George Bernard Shaw. It is hard to imagine that any change will be made, but some people never give up: the English Spelling Society "exists to repair our broken spelling" and calls for a global congress to simplify it. Perhaps this issue no longer matters as much as in the past, as today we have spell-check functions on computer programs and smartphones. But, as the English Spelling Society says on its website, "English is the most irregular of all alphabetically based spelling systems," and sometimes you can't help thinking that, if the United States had adopted Italian or Cherokee as its language, life would be easier for a lot of people around the world.

Ultimately, the language reflects the character of the English. They don't like thorough reforms based on logical principles. They prefer to work pragmatically with what has developed, even if it is anarchic.

Für die englische Sprache gibt es keine «Polizei», keine Einrichtung wie die Académie Française oder den deutschen Duden. Niemand ist bevollmächtigt, das Englische zu vereinfachen und es der heutigen internationalen Arbeitswelt anzupassen. Die Sprache ist über viele Jahrhunderte natürlich gewachsen und ist von vielen Seiten beeinflusst worden, unter anderem durch das Altenglische, das vor eintausendfünfhundert Jahren gesprochen wurde, das Altnordische, das die Wikinger mitbrachten, und eine Form des Französischen, das ins Land kam, als es 1066 von normannischen Kriegern erobert wurde.

Es hat Reformvorschläge gegeben, unter anderem von George Bernard Shaw. Es ist kaum vorstellbar, dass je Veränderungen vorgenommen werden, aber manche Leute geben nie auf: Die englische Rechtschreibgesellschaft möchte «unsere defekte Schreibung reparieren» und fordert eine weltweite Konferenz, um sie zu vereinfachen. Vielleicht ist dieses Problem jedoch heute, da Computerprogramme und Smartphones ein Rechtschreibprogramm haben, weniger groß als in der Vergangenheit. Aber auf der Webseite dieser Gesellschaft heißt es, dass «Englisch die unsystematischste von allen auf dem Alphabet beruhenden Rechtschreibungen» hat, und manchmal fragt man sich, ob das Leben für eine Menge Menschen rund um die Erde nicht einfacher wäre, wenn die Vereinigten Staaten sich für Italienisch oder Cherokee als Sprache entschieden hätten.

Letzten Endes spiegelt sich in ihrer Sprache der Charakter der Engländer wider. Sie lehnen umfassende Reformen auf der Basis logischer Prinzipien ab und ziehen es vor, pragmatisch mit dem zu arbeiten, was sich allmählich entwickelt hat, auch wenn es chaotisch ist.

Myths and History

⌒

Mythen und Geschichte

Saint George

There are plenty of opportunities to observe English (or British) patriotism: royal occasions, sporting events, military parades and the Last Night of the Proms, a concert held in the Albert Hall each September when the audience wave flags and sing enthusiastically. The day of the patron of England, Saint George, is not one of these opportunities, as almost nothing happens. Most English people can't even name the date (23 April). The celebrations are much noisier on Saint Patrick's Day in March, when the Irish fill the pubs in Liverpool and hold a parade in Birmingham. In recent years a small festival has taken place on Trafalgar Square in London, but this is not an old-established custom. 23 April is not a public holiday.

There is nothing specifically English about Saint George. He is also the patron of Catalonia and Georgia. The Russian and Greek Orthodox churches revere him. According to tradition, he was a Roman soldier, a martyr who died when Emperor Diocletian persecuted Christians. George is usually depicted as a knight in armour, slaying a dragon. A legend says that he killed the dragon at Lydda (present-day Lod, south-east of Tel Aviv).

Dragon or no dragon, George may well have been a historical figure, as he was a popular saint

Der Heilige Georg

Es gibt viele Gelegenheiten, bei denen man sich vom Patriotismus der Engländer (oder Briten) ein Bild machen kann: Auftritte der Königin, Sportveranstaltungen, Militärparaden und die Last Night of the Proms, ein Konzert, das jeden September in der Albert Hall stattfindet und bei dem das begeisterte Publikum Fähnchen schwenkt und mitsingt. Der Gedenktag des englischen Schutzpatrons, des heiligen Georg, zählt nicht zu diesen Gelegenheiten, denn da ereignet sich nicht viel. Die meisten Engländer kennen nicht einmal das Datum (23. April). Am Saint Patrick's Day im März wird dagegen viel lauter gefeiert, wenn die Iren die Kneipen in Liverpool füllen und in Birmingham eine Parade abhalten. Seit einigen Jahren gibt es auf dem Trafalgar Square in London ein kleines Fest, aber das ist kein alter Brauch. Der 23. April ist kein gesetzlicher Feiertag.

Es ist auch nichts besonders Englisches am heiligen Georg. Er ist zugleich der Schutzpatron von Katalonien und Georgien. In den orthodoxen Kirchen von Russland und Griechenland wird er ebenfalls verehrt. Der Überlieferung zufolge war er ein römischer Soldat, der während der Christenverfolgung durch Kaiser Diokletian als Märtyrer starb. Georg wird meist als Ritter in voller Rüstung dargestellt, der einen Drachen erschlägt. Eine Legende besagt, dass er den Drachen von Lydda (dem heutigen Lod südöstlich von Tel Aviv) tötete.

Drache hin oder her, Georg könnte durchaus eine historische Figur gewesen sein, denn in spätantiker Zeit war

across the Christian world in late Roman times. He was given an English connection through the story that he travelled to Britain with Emperor Constantine. The earliest English historian, the monk Bede, mentioned him in the eighth century, and a church in the county of Dorset was dedicated to George before the year 900. By the late Middle Ages he had become the patron saint of England. During the crusades, English knights wore the emblem of Saint George. It is a red cross on a white background, nowadays seen at sporting events, displayed by fans of the English national football and rugby teams. The red, white and blue Union Jack represents the whole of the United Kingdom, so a separate flag is needed for England.

One of the most prestigious honours that an Englishman or woman can be given is membership of the Order of the Garter. This knightly order was founded in 1348 by King Edward III, who chose Saint George as its patron. Knights of the Garter meet every year at Windsor Castle in Saint George's Chapel in the presence of their monarch. Six English kings have been called George, but this is not an ancient tradition: the first of them was a German prince, the Elector of Hanover, who ascended the English throne in 1714.

er in der gesamten christlichen Welt ein beliebter Heiliger. Die Verbindung zu England geht auf einen Bericht zurück, wonach er in Begleitung des Kaisers Konstantin nach Britannien reiste. Der erste englische Geschichtsschreiber, der Mönch Beda Venerabilis, erwähnte ihn im achten Jahrhundert, und eine Kirche in der Grafschaft Dorset wurde Georg noch vor dem Jahr 900 geweiht. Im Spätmittelalter war er zum Schutzpatron Englands geworden. Während der Kreuzzüge trugen englische Ritter das Wappen des heiligen Georg, ein rotes Kreuz auf weißem Grund. Heute ist es auf Sportveranstaltungen zu sehen, wo es Anhänger der englischen Fußball- und Rugbynationalmannschaften mit sich führen. Der rot-weiß-blaue Union Jack repräsentiert das Vereinigte Königreich, so dass England eine eigene Flagge braucht.

Eine der höchsten Auszeichnungen, die einem Engländer oder einer Engländerin zuteilwerden kann, ist die Aufnahme in den Hosenbandorden. Dieser Ritterorden wurde 1348 von König Eduard III. begründet, der Sankt Georg zu seinem Schutzheiligen erwählte. Die Ritter vom Hosenbandorden treffen sich alljährlich in der Sankt-Georgs-Kapelle von Schloss Windsor im Beisein ihres Monarchen. Sechs englische Könige haben den Namen Georg getragen, aber diese Tradition ist nicht sehr alt. Der erste von ihnen war ein deutscher Fürst, der Kurfürst von Hannover; er bestieg 1714 den englischen Thron.

Green Mountains, King Arthur and the Holy Grail

> "And did those feet in ancient time,
> Walk upon England's mountains green,
> And was the holy Lamb of God
> On England's pleasant pastures seen?"

These are the opening lines of the hymn 'Jerusalem'. It is an emotional, stirring song, sung in churches, at sports events and, to a huge international television audience, at the Last Night of the Proms. Written by the mystic artist and poet William Blake in 1809, and set to music in the middle of the First World War, it refers to a legend that Joseph of Arimathea visited England. The Bible names Joseph as the man who buried Jesus Christ. According to the legend, he was a merchant who traded with Britain, took the boy Jesus with him to its "pleasant pastures", and later brought the Holy Grail, the cup used by Christ in the Last Supper and by Joseph to catch the blood of the crucified Christ, to England.

The story is associated with the town Glastonbury, the site of a great abbey in the Middle Ages. It lies at the edge of a plain that was once marshy and flooded. Joseph of Arimathea is said to have arrived by boat. When he disembarked, he thrust his staff into the ground. Miraculously it took root and flowered. On the site of this event, a hawthorn

Grüne Berge, König Artus
und der Heilige Gral

> « Und schritten diese Füße vor langer Zeit
> Über Englands grüne Berghänge,
> Und wurde das heilige Gotteslamm
> Auf Englands lieblichen Auen gesehn? »

Dies ist die erste Strophe der Hymne ‹Jerusalem›. Es ist
ein bewegendes, gefühlvolles Lied, das in Kirchen und
bei Sportveranstaltungen gesungen wird und bei der Last
Night of the Proms vor einer weltweiten Fernsehgemein-
de. Geschrieben hat es 1809 der Maler und mystische
Dichter William Blake, und mitten im Ersten Weltkrieg
wurde es vertont. Es handelt von der Sage, wonach Joseph
von Arimathäa England besucht hat. Joseph wird in der
Bibel als der Mann genannt, der Jesus Christus begraben
hat. Der Legende nach war er ein Kaufmann, der mit Britannien Handel trieb und den jungen Jesus mitnahm zu
« Englands Auen », und der später den Heiligen Gral nach
England brachte – jenen Kelch, aus dem Christus beim
Letzen Abendmahl trank und in dem Joseph das Blut des
gekreuzigten Christus auffing.

Diese Erzählung steht in Verbindung mit dem Städtchen
Glastonbury, wo sich im Mittelalter eine große Abtei be-
fand. Es liegt am Rand einer Ebene, die früher sumpfig
und oft überflutet war. Joseph von Arimathäa soll dort in
einem Boot angekommen sein. Als er an Land ging, stieß
er seinen Wanderstab in den Boden. Dieser soll wie durch
ein Wunder Wurzeln geschlagen und Blüten getrieben ha-

bush known as the Glastonbury Thorn attracted pilgrims to the abbey. The monks also claimed that Glastonbury was the legendary Avalon of King Arthur, whose knights searched for the Holy Grail. In the abbey grounds they even showed pilgrims a grave, supposedly the burial place of Arthur and his queen, Guinevere.

There is no smoke without fire, it is said. In this case we certainly have lots of patriotic smoke, but probably a very small fire. Looking at historical facts, Cornwall has better claims than Glaston-bury. Cornish tin was exported to the Mediter-ranean area two thousand years ago. Arthurian legends are associated with Tintagel on the north coast of Cornwall where, as early as the fifth cen-tury, a local ruler and his court drank wine from fine glassware made in Spain and used high-qual-ity ceramics from Turkey. If Joseph of Arimathea was a merchant, it is possible that he visited Britain, but the idea that Jesus came with him is wishful thinking.

The stories about Arthur and the Holy Grail date from the twelfth century. The monks of Glas-tonbury had good reasons to publicise them. In 1184 a fire destroyed the abbey, and they needed the income from pilgrims to rebuild it. Conveni-ently, a few years later they discovered the grave of King Arthur, whose existence as a historical figure is highly doubtful. Who cares? Glastonbury and Tintagel are places with a powerful atmos-phere, and why not sing 'Jerusalem' once a year with tears in your eyes?

ben. Am Ort des Geschehens zog ein Weißdornstrauch, der Glastonbury Thorn, viele Pilger an. Die Mönche behaupteten außerdem, Glastonbury sei das legendäre Avalon des Königs Artus, dessen Ritter den Heiligen Gral suchten. Sie zeigten den Pilgern sogar ein Grab nahe der Abtei, in dem angeblich Artus und seine Gemahlin Guinevere beerdigt sind.

Wo Rauch ist, sagt man, da ist auch Feuer. In diesem Fall haben wir es zweifellos mit viel patriotischem Rauch zu tun, aber vermutlich nur mit einem sehr kleinen Feuer. Wenn wir die historischen Fakten betrachten, spricht mehr für Cornwall als für Glastonbury. Zinn aus Cornwall wurde bereits vor zweitausend Jahren in den Mittelmeerraum exportiert. Artuslegenden ranken sich um Tintagel an der kornischen Nordküste, wo schon im fünften Jahrhundert ein regionaler Herrscher und sein Hofstaat Wein aus feinen, in Spanien hergestellten Gläsern tranken und kostbare Keramik aus der Türkei benutzten. Wenn Joseph von Arimathäa ein Kaufmann war, ist es möglich, dass er nach Britannien gekommen ist, aber dass Jesus ihn begleitet hat, ist nichts als ein Wunschtraum.

Die Legenden um Artus und den Heiligen Gral reichen zurück ins zwölfte Jahrhundert. Die Mönche von Glastonbury hatten gute Gründe, sie zu verbreiten. 1184 wurde ihre Abtei durch ein Feuer zerstört, und sie benötigten das Geld der Pilger, um sie wieder aufzubauen. Da traf es sich gut, dass sie wenig später das Grab König Artus' entdeckten, dessen historische Existenz höchst zweifelhaft ist. Aber wen kümmert es? Glastonbury und Tintagel sind Orte mit einer starken Ausstrahlung, und warum soll man nicht einmal im Jahr mit Tränen in den Augen ‹Jerusalem› singen?

The Tudors

A period on which the English look back with pride is the age of the Tudors, a dynasty that ruled from 1485 to 1603. Countless books, films and television series have been devoted to this turbulent age. It was the time of the Reformation, of plots, martyrdom and violence, of wars and overseas exploration. The Tudor age produced two of the best-known English monarchs and such famous figures as the statesman, humanist author and Catholic martyr Thomas More, the seafarer Francis Drake and William Shakespeare.

Die Tudors

Eine Periode, auf die die Engländer mit Stolz zurückblicken, ist das Zeitalter der Tudors, einer Dynastie, die von 1485 bis 1603 regierte. Unzählige Bücher, Filme und Fernsehserien haben sich dieser turbulenten Zeit gewidmet. Es war die Zeit von Reformation, Verschwörungen, Leiden und Gewalt, Kriegen und Entdeckungsreisen. Die Tudor-Zeit brachte zwei der bekanntesten englischen Monarchen hervor und so berühmte Personen wie den Staatsmann, humanistischen Autor und katholischen Märtyrer Thomas Morus, den Seefahrer Francis Drake und William Shakespeare.

Henry VIII

Henry VIII reigned from 1509 until 1547. A well-known portrait of him painted by Hans Holbein the Younger shows an imposing figure in a confident pose, gazing straight out of the picture at the viewer. The fact that everyone knows about Henry is that he had six wives – one after another, not all at once, but this secured his later reputation as a "real man".

As the founder of the Church of England, he had a decisive influence on English history. The subjects of religion and his wives are connected. The first wife, Catherine of Aragon, bore a daughter but no male heir. When Pope Clement VII refused to annul the marriage, Henry declared the English Church independent of Rome, and made himself its head. To this day, the king or queen of England is head of the Church of England. Henry also dissolved the monasteries, confiscated their enormous treasures and extensive lands, and used this wealth to fill the royal coffers and reward those who were loyal to him.

As a young man Henry was greatly admired. He was well educated, a good musician, and a tall, athletic man who loved jousting and hunting. As his reign progressed, however, he became a cruel tyrant who was merciless to opponents. Thomas More, a devout Roman Catholic who remained loyal to the Pope, was accused of treason and

Heinrich VIII.

Heinrich VIII. regierte von 1509 bis 1547. Ein bekanntes Porträt des Malers Hans Holbein des Jüngeren stellt ihn als Mann von eindrucksvoller Gestalt in selbstbewusster Haltung dar, der den Betrachter direkt anblickt. Wie jedermann weiß, hatte Heinrich sechs Frauen – nacheinander, nicht gleichzeitig, aber es sicherte ihm später den Ruf, ein «richtiger Mann» zu sein.

Als Gründer der Church of England beeinflusste er die englische Geschichte nachhaltig. Zwischen dem Thema Religion und seinen Frauen besteht ein Zusammenhang. Seine erste Frau, Katharina von Aragon, gebar eine Tochter, ein männlicher Erbe aber blieb aus. Als Papst Clemens VII. sich weigerte, die Ehe aufzulösen, erklärte Heinrich die Unabhängigkeit der englischen Kirche von Rom und machte sich selbst zu deren Oberhaupt. Bis heute steht der König oder die Königin von England an der Spitze der Church of England. Heinrich löste außerdem die Klöster auf, beschlagnahmte deren riesige Besitztümer und Ländereien und benutzte diesen Reichtum, um die königlichen Schatztruhen zu füllen und diejenigen zu belohnen, die treu zu ihm standen.

Der junge Heinrich wurde allgemein bewundert. Er war gebildet, ein guter Musiker und ein großgewachsener, athletischer Mann, der Turniere und die Jagd liebte. Im Laufe seiner Regierungszeit wandelte er sich aber zu einem grausamen Tyrannen, der mit seinen Gegnern gnadenlos verfuhr. Thomas Morus, ein guter Katholik, hielt dem Papst die Treue, wurde des Hochverrats angeklagt und ent-

lost his head – it was placed on a spike at the end of London Bridge. Henry's second wife, Anne Boleyn, also failed to produce a son. She was accused of adultery and executed. The same happened to wife number five, Catherine Howard. Not many people know the names of all six wives, but it is easy to remember their fates: divorced, beheaded, died, divorced, beheaded, survived.

hauptet. Sein Kopf wurde auf einer Stange auf der London Bridge zur Schau gestellt. Auch Anne Boleyn, Heinrichs zweite Frau, konnte ihm keinen Sohn gebären. Sie wurde des Ehebruchs bezichtigt und hingerichtet. Dasselbe geschah mit seiner Frau Nummer fünf, Catherine Howard. Nur wenige kennen die Namen aller sechs Frauen, aber wie sie endeten, kann man sich leicht merken: geschieden, geköpft, gestorben, geschieden, geköpft, überlebt.

Elizabeth and the "Golden Age"

Elizabeth I was the daughter of Henry VIII and Anne Boleyn. Her long reign (1558–1603) is celebrated as a golden age in English history. Compared to the Wars of the Roses in the previous century, the bloody rebellions and religious persecution of her father's time, and the civil wars of the following century, it seemed relatively peaceful. The arts flourished: this was the age of William Shakespeare and great composers of church music and madrigals.

Elizabeth never married, and was known as the Virgin Queen. If she had taken a husband, her independence would have been compromised. She ruled cautiously, surviving many threats to her position – from Catholics who wanted to put Mary, Queen of Scots, on the English throne, and from King Philip II of Spain, the most powerful European ruler, who sent a great armada to England in 1588. This invasion attempt was defeated by bad weather and English captains, among them Sir Francis Drake, who had conducted expeditions of piracy against the Spanish empire. Drake circumnavigated the globe in 1577–80, the second person to achieve this feat.

In religious matters, Elizabeth was a Protestant who steered a middle course, rejecting the demands of radical reformers and keeping some Catholic elements in the liturgy of the Church of

Elisabeth und das « Goldene Zeitalter »

Elisabeth I. war die Tochter von Heinrich VIII. und Anne
Boleyn. Ihre lange Regierungszeit (1558–1603) wird in der
englischen Geschichte als goldenes Zeitalter gefeiert. Im
Vergleich zu den Rosenkriegen des vorangegangenen Jahrhunderts, den blutigen Aufständen und den religiösen Ver-
folgungen während der Herrschaft ihres Vaters und den
Bürgerkriegen des folgenden Jahrhunderts erschien sie relativ friedlich. Die Künste blühten: Dies war die Ära William Shakespeares und der großen Komponisten von Kir-
chenmusik und Madrigalen.

Man nannte Elisabeth, die nie verheiratet war, die jung-
fräuliche Königin. Hätte sie geheiratet, wäre ihre Unabhängigkeit infrage gestellt worden. Sie regierte umsichtig
und überlebte so manche Bedrohung ihrer Stellung – durch
Katholiken, die Maria Stuart, die Königin von Schottland,
auf dem englischen Thron sehen wollten, und durch König Philipp II. von Spanien, den mächtigsten Herrscher
in Europa, der 1588 eine große Kriegsflotte nach England
schickte. Dieser Invasionsversuch wurde durch schlechtes
Wetter vereitelt sowie durch englische Kapitäne, darunter
Sir Francis Drake, der mehrere Kaperfahrten gegen das
spanische Reich unternommen hatte. 1577 bis 1580 um-
segelte Drake als zweiter Mensch, dem das je gelang, den
Globus.

Was die Religion anging, schlug Elisabeth als Protestan-
tin einen gemäßigten Kurs ein, indem sie die Forderun-
gen radikaler Reformer verwarf und in der Liturgie der
Church of England einige katholische Elemente beibehielt.

England. In politics she avoided the catastrophic conflicts with Parliament that ruined the kings of the Stuart dynasty. Later generations looked back to the Elizabethan age as a time of successful resistance to foreign powers, a time when English national identity developed, when maritime exploration and the first English colonies in North America (e. g. Virginia, named after the Virgin Queen) laid the foundations of the future British Empire.

Politisch vermied sie die katastrophalen Konflikte mit dem Parlament, an denen die Stuart-Könige gescheitert waren. Aus der Sicht späterer Generationen war das elisabethanische Zeitalter eine Epoche, in der fremden Mächten erfolgreich Widerstand geleistet wurde, sich eine nationale englische Identität herausbildete und Entdeckungsfahrten nach Übersee und die ersten englischen Kolonien in Nordamerika (z. B. Virginia, das nach der jungfräulichen Königin benannt ist) die Grundlagen für das spätere britische Empire legten.

Elizabeth and Charles

"What's in a name?" wrote Shakespeare in 'Romeo and Juliet'. "A rose by any other name would smell as sweet." Yet we lend significance to names, and when a child is born to the royal family, the name is considered carefully. "Elizabeth" was an inspired choice (see "the Elizabethan Golden Age" above), although when the lady now known around the world simply as "the Queen" was born, she was not expected to succeed to the throne, as her father was not the eldest son. She was given her mother's name.

Her first-born son is called Charles Philip Arthur George. His grandfather and great-grandfather reigned under the name George. Philip was his father, of course. And Arthur has glorious mythical associations. But Charles? Assuming he succeeds to the throne, he will be Charles III, and surely a better king than his two predecessors of that name.

Charles I asserted the "divine right of kings", i.e. his absolute power to rule without Parliament. This led to civil war. Charles lost the war but refused to accept his defeat and was beheaded in 1649. His son, Charles II, returned to England from exile in 1660 when the monarchy was restored after republican rule by Oliver Cromwell. Charles II is remembered as a libertine who had many mistresses and illegitimate children. He

Elisabeth und Charles

«Was sagt ein Name?», schreibt Shakespeare in ‹Romeo
und Julia›. «Das, was Rose heißt, / Würd gleichsüß unter
anderm Namen duften.» * Dennoch messen wir Namen
Bedeutung bei, und wenn in der königlichen Familie ein
Kind geboren wird, überlegt man sich dessen Namen sehr
sorgfältig. «Elisabeth» war eine glückliche Wahl (siehe das
«Goldene Elisabethanische Zeitalter» weiter oben), obwohl
bei der Geburt derjenigen, die heute in aller Welt nur als
«die Queen» bekannt ist, niemand damit rechnete, dass sie
einmal den Thron erben würde, war ihr Vater doch nicht
der Erstgeborene. Man gab ihr den Namen ihrer Mutter.

Ihr ältester Sohn heißt Charles Philip Arthur George.
George war der Name, den sein Großvater und Urgroß-
vater trugen, als sie regierten. Philip war natürlich sein Vater. Und mit Arthur verbinden sich ruhmreiche Mythen.
Aber Charles? Angenommen, er besteigt den Thron, dann
wird er Charles III. sein und zweifellos ein besserer König
werden als seine beiden Vorgänger dieses Namens.

Charles I. machte sein Gottesgnadentum geltend und bestand darauf, mit absoluter Macht ohne Parlament zu regieren. Das führte zum Bürgerkrieg. Charles verlor diesen
Krieg, weigerte sich aber, seine Niederlage anzuerkennen,
und wurde 1649 enthauptet. Nach einer republikanischen
Herrschaft unter Oliver Cromwell kehrte sein Sohn,
Charles II., 1660 aus dem Exil zurück, und die Monarchie
wurde wieder eingesetzt. Charles II. ist uns als zügelloser
Lebemann in Erinnerung, der zahlreiche Mätressen und
außereheliche Kinder hatte. Für die Regierungsgeschäfte

had little interest in the business of government and accumulated huge debts.

The future Charles III had a well-known mistress (Camilla), but no known illegitimate children. In contrast to Charles II, he is a serious-minded man, who works hard for charities, practises organic farming and takes an interest, controversially, in modern architecture. On his land at Poundbury in south-west England he has established a model village to promote his ideas. As Prince of Wales, he has received criticism for writing too many letters lobbying government ministers (the "black spider memos" in reference to his handwriting), but there is no reason to think he believes in the divine right of kings, like Charles I. So what's in a name? Not much, we hope.

zeigte er wenig Interesse, und er häufte gewaltige Schulden an.

Es ist bekannt, dass der künftige Charles III. eine Geliebte (Camilla) hatte, aber von unehelichen Kindern ist nichts bekannt. Im Gegensatz zu Charles II. ist er ein ernsthafter Mensch, der sich sehr für wohltätige Einrichtungen einsetzt, biologische Landwirtschaft betreibt und ein – oft umstrittenes – Interesse an moderner Architektur zeigt. Um seinen Ideen zum Durchbruch zu verhelfen, hat er auf seinem Besitz in Südwestengland das Musterdorf Poundbury errichtet. Man hat kritisiert, dass er als Prince of Wales zu oft Briefe an Minister schreibt, um sie zu beeinflussen (die «Spinnennetz-Memos», so genannt in Anspielung auf seine Handschrift), aber es gibt keinen Grund, anzunehmen, dass er wie Charles I. an das Gottesgnadentum glaubt. Was also sagt ein Name? Hoffentlich nicht viel.

* Zitiert nach: Romeo und Julia, zweisprachige Ausgabe. Deutsch von Frank Günther, München 1995

It's a Free Country

Ein freies Land

Freedom and Gardens

"It's a free country!" In a much-used phrase, the English express the idea that people should be free to do as they please. They don't want anybody – certainly not a government, whether in London or Brussels – to dictate how they behave. Many aspects of national life illustrate these ideas about political or personal liberty.

Three hundred years ago, a new way of designing gardens appeared in England. The parks around the country houses of the aristocracy were made into natural-looking landscape gardens. Streams were dammed to make lakes, and trees were planted to improve the view. But the trees were not planted in rows, and the lakes were not rectangular. The aim was to create an improved version of nature. Buildings such as ornamental bridges, artificial "ruins" and classical temples were added.

This was a political statement. The natural landscape represented freedom, and the classical buildings were a reference to the liberties of the ancient Roman republic. By contrast, baroque gardens in the French style were laid out in strict, unnatural geometrical forms. English theorists compared France, an absolute monarchy, with Great Britain, where Parliament upheld the liberties of the people.

A garden is important to many English people today, not as a political symbol but as a little

Freiheit und Gärten

«Wir leben in einem freien Land!» Diesen Satz hört man oft, wenn Engländer sagen wollen, dass es jedem freistehen sollte zu tun, was ihm gefällt. Sie wollen sich von niemandem – am wenigsten von einer Regierung, ob in London oder in Brüssel – vorschreiben lassen, wie sie sich zu verhalten haben. Im Alltagsleben des Landes findet man vieles, was diese Vorstellung von politischer oder individueller Freiheit veranschaulicht.

Vor dreihundert Jahren entstand in England eine neue Art von Gärten. Die Parks, in denen die Landsitze des Adels lagen, wurden in natürlich wirkende Landschaftsgärten umgewandelt. Man staute Bäche auf, um Seen zu schaffen, und um einen schöneren Anblick zu erhalten, pflanzte man Bäume. Diese wurden aber nicht in geraden Reihen ausgerichtet, und die Seen waren nicht geometrisch angelegt. Dahinter stand der Gedanke, die Natur zu vervollkommnen. Hinzu kamen Bauwerke wie etwa dekorative Brücken, künstliche «Ruinen» und antike Tempel.

Darin lag eine politische Aussage. Die natürliche Landschaft bedeutete Freiheit, und die klassischen Bauten verwiesen auf die Freiheiten der Römischen Republik in der Antike. Barockgärten im französischen Stil waren dagegen in streng geometrischer, unnatürlicher Weise angeordnet. Englische Theoretiker stellten Vergleiche zwischen Frankreich, einer absolutistischen Monarchie, und Großbritannien an, wo das Parlament die Freiheiten des Volkes garantierte.

Bis heute ist der Garten vielen Menschen in England sehr wichtig, nicht als politisches Symbol, sondern als ein

piece of independence. The suburbs of towns are filled with small houses. These homes with their gardens express individualism. Many English people think it is inferior to share a large block of flats with many other residents, without private gardens. Attitudes are changing, especially among city-dwellers and the young generation, but a house with a garden still represents personal freedom. The front garden is for show, not use. It presents itself to the street. The area for relaxing and feeling at home is the back garden.

A favourite leisure activity is to visit gardens. Hundreds of large and small gardens all over England open regularly or occasionally to the public, who can walk for hours in the grounds of a "stately home", as the big houses of the aristocracy are called, with its lake, woods, streams, dells and deer park, or stroll slowly through the garden next to the house, admiring the flowers in detail. The excursion is rounded off by spending time in the tea room – and the inevitable gift shop.

Thus a visitor attraction turns into a retail experience. The street artist Banksy satirised this trend in the title of a film, 'Exit Through the Gift Shop'. Andrew Marr, a newspaper and BBC journalist who wrote a 'History of Modern Britain', went so far as to summarise the post-war history of the country as the replacement of politics by shopping. He argued that a political society had given way to a consumer society. But Marr's book was written before the great controversy about Brexit.

Stückchen Unabhängigkeit. In den Wohngebieten der Städte stehen viele kleine Häuser. Sie und ihre Gärten sind Ausdruck von Individualismus. Viele Engländer lehnen es ab, sich einen großen Wohnblock ohne eigene Gärten mit vielen anderen Bewohnern zu teilen. Meinungen ändern sich, besonders unter Städtern und in der jüngeren Generation, aber ein Haus mit Garten bedeutet immer noch persönliche Freiheit. Ein Vorgarten ist zum Vorzeigen da, nicht zum Benutzen. Damit stellt man sich in der Öffentlichkeit dar. Der Ort, an dem man sich entspannt und zuhause fühlt, ist der Garten hinter dem Haus.

In der Freizeit werden gerne Gärten besichtigt. Hunderte von großen und kleinen Gärten in ganz England sind regelmäßig oder zeitweilig für Besucher geöffnet. Man kann dann stundenlang auf dem Gelände eines *stately home*, wie die großen Landhäuser des Adels genannt werden, spazierengehen, mit seinem See und den Wäldchen, Bächen, Mulden und dem Wildgehege, oder gemächlich durch den am Haus gelegenen Garten schlendern und die Blumen aus der Nähe bewundern. So ein Ausflug endet mit einem Besuch im Tea Room – und dem unvermeidlichen Andenkenladen.

So wird eine Sehenswürdigkeit zum Einkaufserlebnis. Der Straßenkünstler Banksy hat über diesen Trend einen satirischen Film mit dem Titel ‹Ausgang durch den Andenkenladen› gedreht. Andrew Marr, der für Zeitungen und die BBC arbeitet und eine Geschichte des heutigen England geschrieben hat, ging sogar so weit, die Nachkriegsgeschichte des Landes zusammenfassend als Ersatz der Politik durch Shopping zu beschreiben. Er behauptet, dass aus einer politisch denkenden Gesellschaft eine Konsumgesellschaft geworden ist. Allerdings ist Marrs Buch vor der großen Auseinandersetzung über den Brexit entstanden.

Brexit

"Brexit is the greatest political nonsense since the Roman emperor Caligula decided to make his favourite horse Incitatus a consul." This verdict by a German journalist was quoted with delight in the British anti-Brexit press. Why, after more than forty years of membership of the European Union, did the British vote to leave in a referendum held in 2016?

Many different reasons have been given. "Austerity", the cuts to public spending from 2010 onwards that followed the economic recession, certainly played a part. For almost a decade, average incomes had not increased, although the rich were clearly getting richer. The poorest parts of England voted to leave, while prosperous, cosmopolitan London was in favour of staying. UKIP (the United Kingdom Independence Party) protested at the number of foreigners coming to Britain: 1.8 million of them from eastern Europe since 2004. Poles replaced Indians as the largest immigrant group. The growing population put pressure on public services – schools, doctors and hospitals, transport – and fuelled a feeling of dissatisfaction.

But Brexit was more than a protest vote by social losers who dislike foreigners. Few English people felt attached to the EU for idealistic reasons. It appeared to be a necessary evil, unloved but probably good for the economy. The politicians who opposed Brexit used rational arguments about jobs and

Brexit

«Brexit ist der größte politische Blödsinn, seit der römische Kaiser Caligula beschlossen hat, sein Lieblingspferd Incitatus zum Konsul zu ernennen.» Dieses Urteil eines deutschen Journalisten wurde in der britischen Anti-Brexit-Presse mit Genuss zitiert. Warum nur haben die Briten 2016, nach über vierzig Jahren in der Europäischen Union, in einem Referendum für den Austritt gestimmt?

Es sind viele Gründe genannt worden. «Austerity», die strenge Sparpolitik seit 2010 als Folge des wirtschaftlichen Abschwungs, hat zweifellos eine Rolle gespielt. Seit fast einem Jahrzehnt sind die Durchschnittseinkommen nicht mehr gestiegen, obwohl die Reichen sichtlich reicher geworden sind. Die ärmsten Regionen in England haben für den Austritt aus der EU gestimmt, während das wohlhabende kosmopolitische London für den Verbleib war. UKIP (die United Kingdom Independence Party) wandte sich gegen die Zahl der Ausländer, die nach Großbritannien kommen: aus Osteuropa seit 2004 1,8 Millionen. Polen haben die Inder als größte Einwanderergruppe abgelöst. Dieses Bevölkerungswachstum belastete die öffentliche Versorgung – Schulen, Ärzte und Krankenhäuser, das Verkehrswesen – und führte zu wachsender Unzufriedenheit.

Aber Brexit war mehr als ein Protest der Verlierer der Gesellschaft, die keine Ausländer mögen. Nur wenige Engländer fühlten sich der EU aus ideellen Gründen verbunden. Sie erschien ihnen als notwendiges Übel, ungeliebt, aber vermutlich gut für die Wirtschaft. Die Politiker, die gegen den Brexit waren, argumentierten rational mit Ar-

exports. The supporters of Brexit used emotional arguments about pride and national sovereignty: "taking back control" from the EU, which they depicted as an overgrown, anonymous, undemocratic monster. They claimed that Britain could prosper when freed from the "chains" of this bureaucracy. They seemed more passionate than the pro-EU camp.

The whole process was divisive, both during and after the campaign. 48 per cent, the "remainers", voted to stay in the EU. Some of them were angry at the result. Patriotic right-wing newspapers said they should stop moaning, and labelled them "remoaners". Young and educated people were more likely to vote to remain. In cities with a healthy economy like Manchester, the majority voted to stay, in contrast to more conservative, rural areas. Families were split, friends disagreed so strongly that they had to keep to other topics of conversation. Opinion polls early in 2019 found that some people had changed their minds and regretted voting "leave", but possibly not enough to produce a different result if a second referendum were held.

An English journalist commented that no self-respecting golf club would change its statutes on the basis of a 52 per cent majority. But it happened. Perhaps Britain's forty-year membership of the EU was all one big mistake. The unbelievably complicated process of disentanglement has been compared to unscrambling an egg.

beitsplätzen und Exportzahlen. Die Befürworter des Brexit benutzten emotionale Argumente, die mit Nationalstolz und Selbstbestimmung zu tun hatten: «Kontrolle zurückgewinnen» von der EU, die sie als gigantisches, anonymes, undemokratisches Monstrum darstellten. Sie behaupteten, dass Großbritannien aufblühen würde, wenn es sich von den «Fesseln» dieser Bürokratie befreite. Sie wirkten leidenschaftlicher als das Lager der EU-Anhänger.

Der ganze Vorgang hatte einen spaltenden Effekt, sowohl während als auch nach der Kampagne. 48 Prozent, die *remainers*, stimmten für einen Verbleib in der EU. Manche von ihnen waren erbost über das Ergebnis. Patriotische rechtsgerichtete Zeitungen schrieben, sie sollten aufhören zu jammern, und nannten sie *remoaners*. Junge und gut ausgebildete Menschen waren eher für den Verbleib. In wirtschaftlich gesunden Städten wie Manchester stimmte die Mehrheit für die EU, im Gegensatz zu eher konservativen ländlichen Gebieten. Familien waren geteilter Meinung, Freunde hatten oft so gegensätzliche Ansichten, dass sie bei Gesprächen dieses Thema mieden. Anfang 2019 ergaben Umfragen, dass einige Menschen ihre Meinung geändert hatten und bedauerten, für den Brexit gestimmt zu haben. Möglicherweise sind es nicht genügend, um gegebenenfalls bei einem zweiten Referendum ein anderes Ergebnis zu erzielen.

Ein englischer Journalist kommentierte, dass kein anständiger Golfklub seine Satzung aufgrund einer Mehrheit von 52 Prozent ändern würde. Aber so ist es gekommen. Vielleicht war Großbritanniens vierzigjährige Mitgliedschaft in der EU ein einziger großer Fehler. Den unvorstellbar schwierigen Trennungsprozess hat man mit dem Versuch verglichen, aus Rührei wieder das ursprüngliche Ei zu machen.

Politics – The Winner Takes All

The English believe in fair play and like underdogs. Well, yes – but there are limits to this, as the political scene demonstrates. The system is based on simple majorities, favouring the major political parties at the expense of smaller ones. All members of Parliament (MPs) are directly elected by a constituency. The method of election is normally called "first past the post", as if it were a horse race. A better description would be "the winner takes all".

When the votes cast in a constituency have been counted, usually in the middle of the night, the numbers are announced in public by the election officer. The candidates stand in a row on a stage, wearing their party colours, and their supporters cheer loudly or remain silent in disappointment as the results are declared. This important democratic ritual has elements of comedy, another example of the English unwillingness to take anything seriously. Joke candidates in fancy dress appear alongside leading national politicians. In 2017 the prime minister, Theresa May, was joined on the stage by "Lord Buckethead", who wore a long black cloak and headgear in the style of Darth Vader. Elsewhere, candidates represent the Official Monster Raving Loony Party or the Elvis and Himalayan Yeti Preservation Party.

Consider the following fictional election result for a constituency where 60,000 people voted for five candidates. If you would like to practise your

Politik – Der Gewinner bekommt alles

Die Engländer glauben an Fair Play und mögen Underdogs. Ja, mag sein – aber das hat Grenzen, wie das politische System zeigt. Es beruht auf einfachen Mehrheiten und begünstigt die großen politischen Parteien auf Kosten der kleinen. Alle Abgeordneten (MPs) werden direkt in einem Wahlkreis gewählt. Als gewählt gilt, wer, wie man meist sagt, «als Erster am Zielpfosten» ist, als ob es sich um ein Pferderennen handelte. Treffender würde man sagen «der Gewinner bekommt alles».

Wenn die Stimmen, die in einem Wahlkreis abgegeben wurden, ausgezählt sind, was meist mitten in der Nacht der Fall ist, werden die Ergebnisse vom Wahlleiter öffentlich bekanntgegeben. Die Kandidaten, die ihre Parteifarben tragen, stehen in einer Reihe auf einer Bühne, und ihre Anhänger jubeln oder schweigen enttäuscht, wenn die Zahlen verlesen werden. Dieses wichtige demokratische Ritual trägt komische Züge, was einmal mehr zeigt, dass die Engländer nichts allzu ernst nehmen mögen. Scherzkandidaten in Phantasiekostümen treten neben führenden Politikern des Landes auf. 2017 stand die Premierministerin Theresa May neben «Lord Buckethead» («Eimerkopf») auf der Bühne, der einen langen schwarzen Umhang und eine Kopfbedeckung im Stil von Darth Vader trug. Anderswo gibt es Kandidaten der «Total verrückten amtlichen Monster-Partei» oder der «Partei zum Schutz von Elvis und dem Himalaya-Yeti».

Man betrachte einmal das folgende erfundene Abstimmungsergebnis aus einem Wahlkreis, in dem 60 000 Wähler ihre Stimmen für fünf Kandidaten abgaben. Wer seine

English pronunciation, play the role of the election officer yourself, and read out aloud the number of votes cast:

- Alfred Thistlewick (Conservative Party) 20,000
- Ruth Shuttleworth (Labour Party) 19,900
- Martha Thwaite (Liberal Party) 12,100
- Kenneth Sixsmith (UK Independence Party) 5,400
- Nathan Thorpe (Green Party) 2,600

In this town, the Conservative candidate wins, with 33 per cent of the total votes. Votes for the other parties are "lost": they have no effect on the representation of parties in Parliament. In theory, the above result could be repeated in each constituency in the United Kingdom, meaning that the Conservatives would win every single seat and return 100 per cent of MPs – with only 33 per cent of the national vote. In practice, either the Conservative Party or the Labour Party usually gets a majority, with just a few Liberal MPs elected and, in England, almost no representatives of other parties (Scotland, Wales and Northern Ireland have their own parties, for example the Scottish Nationalists).

The system is obviously unfair. For example, UKIP got over 12 per cent of the national vote in 2015, but only one seat in Parliament out of six hundred and fifty. It seems unlikely that a change will ever happen, as the big parties want to keep the status quo. They argue that it produces stable government majorities, with no need for long coalition negotiations. Anyway, elections have always been like this. The English may approve of fairness, but they also like tradition.

englische Aussprache üben will, kann den Wahlleiter
spielen und die Zahl der abgegebenen Stimmen laut vor-
lesen:

- Alfred Thistlewick (Konservative) 20 000
- Ruth Shuttleworth (Labour) 19 900
- Martha Thwaite (Liberaldemokraten) 12 100
- Kenneth Sixsmith (UK Independence Party) 5400
- Nathan Thorpe (Grüne) 2600

In dieser Stadt gewinnt der Kandidat der Konservativen
mit 33 Prozent der Stimmen. Die Stimmen für die anderen
Parteien sind «verloren», sie haben keinen Einfluss auf die
Vertretung dieser Parteien im Parlament. Theoretisch könnte sich dieses Ergebnis in allen Wahlkreisen des Vereinigten
Königreichs wiederholen, was hieße, dass die Konservativen
sämtliche Sitze gewinnen und 100 Prozent der Abgeordneten stellen – bei einem landesweiten Stimmenanteil von
nur 33 Prozent. In der Praxis erhalten aber die Konservativen oder Labour in der Regel eine Mehrheit, und außerdem
werden einige wenige liberale Abgeordnete gewählt, aber
(in England) so gut wie keine Vertreter anderer Parteien
(Schottland, Wales und Nordirland haben ihre eigenen Parteien, zum Beispiel die schottischen Nationalisten).

Dieses Wahlsystem ist offensichtlich unfair. UKIP er-
hielt zum Beispiel bei der Parlamentswahl von 2015 mehr
als 12 Prozent der Stimmen, aber nur einen von sechshundertfünfzig Parlamentssitzen. Dass sich das je ändern wird,
ist unwahrscheinlich, da die großen Parteien am Status
quo festhalten. Sie begründen das mit stabilen Regierungs-
mehrheiten, die lange Koalitionsverhandlungen unnötig
machen. Außerdem waren Parlamentswahlen schon immer
so. Die Engländer mögen Fairness gut finden, aber ebenso
lieben sie Traditionen.

The House of Commons –
A Lions' Den

If English politics are not characterised by fair play, what about that other virtue so often attributed to the English: politeness? Historic expressions of respect are used during debates in the House of Commons: in debates, MPs refers to each other as "the honourable member". But this is merely an outward form. As the world knows from televised debates, a lot of shouting and disrespectful behaviour takes place.

This is nothing new. Winston Churchill could be breathtakingly rude. When a woman MP once accused him, rightly, of being drunk in the House of Commons, he replied, "And you, Madame, are ugly. But tomorrow I will be sober." Today this insult would be unthinkable. A minister who said anything like that would probably have to resign. Late-night sittings of the House of Commons are accompanied traditionally by the consumption of alcohol in the bars of Parliament and nearby pubs. This, of course, encourages noisy impoliteness.

The chamber is surprisingly small – if all MPs attend, there is not enough space for everybody to sit down – and has an intimate atmosphere that encourages heated debate.

The architecture of the House of Commons encourages a confrontational style. Rows of green leather benches are arranged opposite each other. On the carpet in the middle are two red lines, said to be two

Das Unterhaus –
eine Löwengrube

Wenn die englische Politik nicht von Fair Play gekennzeichnet ist, wie steht es dann mit jener anderen Tugend, die man den Engländern oft zuschreibt, der Höflichkeit? Bei Debatten im Unterhaus verwendet man althergebrachte Floskeln der Hochachtung, Abgeordnete bezeichnen einander als «ehrenwertes Mitglied». Aber das sind nur Förmlichkeiten. Aus Fernsehübertragungen von Debatten weiß man, dass es dort sehr laut und unhöflich zugeht.

Das ist aber nichts Neues. Winston Churchill war oft von atemberaubender Grobheit. Als eine Abgeordnete ihm im Unterhaus zu Recht vorhielt, er sei betrunken, erwiderte er: «Und Sie, Madame, sind hässlich. Aber ich werde morgen wieder nüchtern sein.» So eine Beleidigung wäre heute undenkbar. Wenn ein Minister dergleichen sagte, müsste er wahrscheinlich zurücktreten. Alkoholkonsum in den Bars des Parlamentsgebäudes und in den umliegenden Pubs gehört traditionell zu den nächtlichen Sitzungen des Unterhauses. Das fördert natürlich den lautstarken Austausch von Grobheiten.

Der Sitzungssaal ist erstaunlich klein (wenn sämtliche Abgeordnete anwesend sind, gibt es nicht genügend Plätze), und dieser intime Rahmen begünstigt hitzige Debatten.

Architektonisch begünstigt das Unterhaus die Konfrontation. Reihen von grünen Lederbänken sind einander gegenüber angeordnet. Auf dem Teppich dazwischen sind zwei rote Linien zu sehen, angeblich zwei Schwertlängen

sword-lengths apart, which may not be crossed. The chamber is made for a two-party system, in contrast to the amphitheatre layout of, for example, the German Bundestag. In the middle at one end sits the Speaker. He has the role of a chairman, and bellows "Order! Order!" when things become too unruly. This often happens at question time, a gladiatorial contest between the prime minister and the leader of the opposition, accompanied by heckling and jeering from the backbenchers behind them.

auseinander, die nicht überschritten werden dürfen. Diese Kammer ist für ein Zweiparteiensystem geschaffen, im Gegensatz zu einer Anordnung der Sitze im Halbrund wie beispielsweise im Deutschen Bundestag. An einem Ende sitzt in der Mitte der Parlamentssprecher. Er führt den Vorsitz und brüllt «Zur Ordnung!», wenn es gar zu turbulent wird. Das kommt während der Fragestunde häufig vor, einem Gladiatorenkampf zwischen Premierminister und Oppositionsführer, der von Zwischenrufen und Johlen von den hinteren Abgeordnetenbänken begleitet wird.

Historic Rituals in Parliament

There is no better opportunity to witness the English love of tradition than the annual State Opening of Parliament. The government presents its legislative programme in a speech made by the monarch, who travels from Buckingham Palace to Parliament in a coach drawn by four horses. After arrival, she (or he) puts on the State Robe, which has a long crimson train, ermine trimmings and gold lace, and wears the Imperial State Crown. Members of the House of Lords, also wearing red robes, await the monarch's entrance. Everybody is safe, because the ceremonial royal bodyguards, the Yeomen of the Guard wearing their elaborate uniform with red stockings and black hats, have searched the cellars to be sure that nobody has put gunpowder there. They have done this since the Gunpowder Plot of 1605, when Roman Catholic conspirators tried to blow up King James I and Parliament during the State Opening.

An officer called Black Rod now has his big moment. The position was created in 1361, and carries real responsibilities for buildings and services, for security in the House of Lords, and for organising the lying-in-state when a member of the royal family dies. But Black Rod's best-known role is at the State Opening of Parliament. Wearing a knee-length black tunic, cuffs

Historische Rituale im Parlament

Die beste Gelegenheit, sich von der englischen Liebe zur Tradition zu überzeugen, bietet sich alljährlich bei der prunkvollen Parlamentseröffnung. Die Regierung stellt dann ihre Gesetzesvorhaben vor, und zwar in einer Rede, verlesen von der Monarchin oder vom Monarchen, die (der) in einer vierspännigen Karosse vom Buckingham-Palast zum Parlament kommt. Nach der Ankunft legt sie (oder er) die königliche Robe an, die eine lange purpurrote Schleppe hat und mit Hermelin und Goldstickerei besetzt ist, und setzt die Reichskrone auf. Mitglieder des Oberhauses, die ebenfalls rote Roben tragen, erwarten die Ankunft. Die Sicherheit ist hier gewährleistet, denn die zeremoniellen königlichen Leibwächter, die Yeomen of the Guard in ihrer prunkvollen Uniform mit roten Strümpfen und schwarzen Hüten haben die Kellerräume durchsucht, um gewiss zu sein, dass niemand dort Schießpulver versteckt hat. Sie tun das seit dem «Schießpulver-Komplott» von 1605, als katholische Verschwörer versuchten, König Jakob I. mitsamt dem Parlament während der feierlichen Eröffnung in die Luft zu sprengen.

Jetzt hat der «Black Rod» genannte Bedienstete seinen großen Auftritt. Sein Amt wurde 1361 geschaffen, und er trägt tatsächlich Verantwortung für Gebäude und andere Obliegenheiten, für die Sicherheit im House of Lords ebenso wie für die öffentliche Aufbahrung eines verstorbenen Mitglieds der königlichen Familie. Seine bekannteste Rolle aber spielt Black Rod bei der feierlichen Parlamentseröffnung. Bekleidet mit einem knielangen schwarzen

and collar of white lace, black tights, shiny shoes with silver buckles and a ceremonial sword, he takes a rod of ebony (which gives the office its name) and walks from the House of Lords to the House of Commons. Here the door is slammed in his face to demonstrate that MPs don't take orders from the Crown. Only after knocking three times with the rod is he allowed inside, and summons MPs to hear the monarch's speech. Talking noisily, also a symbol of their independence, they follow Black Rod to the House of Lords.

So nothing ever changes? Well, in 2018, a tiny revolution took place: for the first time in 650 years, a woman was appointed to the office of Black Rod! Her counterpart in the House of Commons is called the "Serjeant at Arms". Since 1415 this officer has had the duty of carrying a mace (a heavy golden staff, a symbol of authority) in a small procession at the beginning of every meeting of the lower house. Needless to say, he wears a traditional uniform and carries a sword. The Serjeant of Arms is still a man, but his name might come as a surprise: Mohammed Amal El-Hajji.

These are classic examples of a profoundly English characteristic: pragmatism, the ability to adapt old ways to new times. Ancient institutions are not abolished, but they can reflect a modern society that is multi-racial and recognises the rights of women.

Überrock, Manschetten und Kragen aus weißer Spitze, schwarzen Kniestrümpfen, polierten Schuhen mit Silberschnallen und einem Zeremonialschwert, trägt er einen Ebenholzstab (daher der Name seines Amtes) vom House of Lords zum Unterhaus. Hier wird ihm, zum Zeichen, dass die Abgeordneten sich von der Krone keine Weisungen erteilen lassen, die Tür vor der Nase zugeschlagen. Erst nachdem er mit seinem Stab dreimal angeklopft hat, darf er eintreten und die Abgeordneten auffordern, die Rede des Monarchen anzuhören. Diese folgen dann Black Rod ins Oberhaus, wobei sie sich laut unterhalten – auch dies ein Zeichen ihrer Unabhängigkeit.

Ändert sich also nie etwas? Nun, 2018 gab es eine kleine Revolution. Zum ersten Mal seit sechshundertfünfzig Jahren wurde einer Frau das Amt des Black Rod übertragen! Ihr Gegenüber im Unterhaus nennt sich «Serjeant at Arms». Seit 1415 hat dieser Amtsträger die Aufgabe, bei Beginn jeder Sitzung des Hauses einer kleinen Prozession die «mace», einen schweren goldenen Stab als Symbol der Autorität, voranzutragen. Selbstverständlich hat auch er eine traditionelle Tracht und ein Schwert. Noch ist der Serjeant at Arms ein Mann, aber sein Name ist vielleicht überraschend: Mohammed Amal El-Hajji.

Das sind klassische Beispiele einer zutiefst englischen Eigenschaft: des Pragmatismus, der Fähigkeit, Althergebrachtes an die neue Zeit anzupassen. Alte Einrichtungen werden nicht abgeschafft, sondern sie spiegeln eine moderne Gesellschaft wider, die multiethnisch ist und die Rechte von Frauen anerkennt.

Where's Your Gas Bill?

Different nations have their own characteristic emblems of freedom, which sometimes seem strange to others. The right to own and carry weapons is sacred in the USA. In Germany, the drivers of fast cars are outraged at the idea of a general speed limit on motorways. And the English have no population registration system and no identity cards. Of course not – Britain isn't a police state, it's a free country!

Or is it? No other western European country has installed so many surveillance cameras in public places as Britain. Where others are sensitive about having their comings and goings recorded, the English are quite relaxed on the subject. Their fear of state control is not acute, probably because they have never lived under a dictatorship.

Like everyone else, the English are tracked constantly when they are online or carry mobile phones. Nevertheless, the idea that they should be registered by the authorities at a specific address and carry an ID card is unpopular. The benefits for government are obvious: it would, for example, be easier to keep checks on immigrants if everyone had an ID card.

There would also be benefits for citizens. When English people need to prove where they live, they have to present bills for utilities such

Wo ist Ihre Gasrechnung?

Nationen haben ihre je eigene Art, ihre Freiheit zum Ausdruck zu bringen, und andere finden sie manchmal sonderbar. Das Recht, Waffen zu besitzen und zu tragen, ist den USA heilig. In Deutschland sind die Fahrer schneller Autos empört über das Ansinnen einer allgemeinen Geschwindigkeitsbegrenzung auf Autobahnen. Und die Engländer kennen kein Einwohnermeldeamt und keinen Personalausweis. Natürlich nicht – Großbritannien ist ja kein Polizeistaat, es ist ein freies Land!

Wirklich? In keinem anderen westeuropäischen Land gibt es so viele Überwachungskameras an öffentlichen Plätzen wie in Großbritannien. Während es anderen unbehaglich ist, wenn ihr Kommen und Gehen aufgezeichnet wird, sehen die Engländer das ganz entspannt. Ihre Furcht vor staatlicher Kontrolle ist nicht sehr groß, vermutlich, weil sie nie in einer Diktatur gelebt haben.

Wie alle anderen geben auch die Engländer jederzeit ihren Aufenthaltsort preis, wenn sie online gehen oder ein Handy bei sich haben. Trotzdem lehnen sie es ab, ihre Adresse von den Behörden registrieren zu lassen oder einen Personalausweis bei sich zu tragen. Deren Nutzen für die Regierung ist offenkundig: Wenn jeder einen solchen Ausweis besäße, ließe sich die Einwanderung leichter kontrollieren.

Auch für die Bürger hätte das Vorteile. Wenn Engländer nachweisen wollen, wo sie wohnen, müssen sie eine Rechnung, zum Beispiel für Gas, Elektrizität, Satelliten-

as gas, electricity, satellite TV or their landline phone. Do you want to open a bank account? Then don't forget to take a recent gas bill that shows your name and address.

fernsehen oder das Festnetztelefon vorlegen. Sie wollen ein Bankkonto eröffnen? Dann vergessen Sie nicht, eine Gasrechnung neueren Datums mitzunehmen, auf der Ihr Name und Ihre Adresse stehen.

Symbols and Traditions

❧

Symbole und Traditionen

Some National Symbols

Every nation has symbols that are close to its heart. Two obvious English examples are to be found in London: Big Ben and the ravens in the Tower of London.

Big Ben is of course the emblem of London across the whole world, but to begin let's be a little bit pedantic and insist on terminological correctness. Big Ben was the nickname given to the 13.7-tonne bell, not to the whole tower. The latter was originally called the Clock Tower, and is now the Elizabeth Tower, having been officially renamed for the diamond jubilee of Elizabeth II in 2012. Its importance was underlined in 2017, when the bell had to be silenced for four years during restoration. It is so loud that the health of the building workers would be endangered. There was a furious debate in Parliament and the media about whether this was really necessary, and the prime minister intervened personally to ensure that the bell was switched on temporarily at midnight on 31 December to ring in the New Year. Fears were even expressed that the love life of the Speaker of the House of Commons, who lives on site, would be affected: his wife had said "I never realised how sexy I would find it to live under Big Ben with the bells chiming."

The six ravens that hop around the grounds of the Tower of London are a tradition of unknown origin. It may be connected to the executions that

Einige nationale Symbole

Jede Nation besitzt Symbole, die ihr besonders wichtig sind. Zwei typische englische Beispiele findet man in London: Big Ben und die Raben am Tower.

Big Ben ist natürlich in aller Welt das Wahrzeichen Londons, aber um für einen Augenblick etwas schulmeisterlich zu sein und auf begrifflicher Genauigkeit zu bestehen: Der Spitzname Big Ben bezog sich zunächst nur auf die 13,7 Tonnen schwere Glocke und nicht auf den ganzen Turm. Diesen nannte man anfangs den Uhrturm, aber zum Diamantenen Thronjubiläum von Elisabeth II. wurde er 2012 umbenannt und heißt jetzt offiziell Elizabeth Tower. Wie wichtig die Glocke ist, wurde 2017 deutlich, als sie wegen Renovierungsarbeiten vier Jahre lang schweigen sollte. Sie ist nämlich so laut, dass die Gesundheit der Bauarbeiter gelitten hätte. Es kam im Parlament und in den Medien zu einer heftigen Debatte darüber, ob das wirklich nötig sei, und die Premierministerin schaltete sich persönlich ein, um sicherzustellen, dass die Glocke am 31. Dezember um Mitternacht ausnahmsweise geläutet würde, um das neue Jahr zu begrüßen. Man machte sich sogar Sorgen um das Liebesleben des Sprechers des Unterhauses, der in diesem Gebäude seine Wohnung hat. Dessen Frau hatte einmal gesagt: «Ich hätte nie gedacht, wie sexy es ist, hier zu wohnen und hoch oben die Glocken von Big Ben läuten zu hören.»

Woher die Tradition der sechs Raben stammt, die am Tower von London herumhüpfen, ist nicht bekannt. Vielleicht hängt sie mit den Hinrichtungen zusammen, die

were carried out here, as the raven has long been regarded as a macabre bird. According to a legend, the Crown of England faces ruin if the ravens leave the Tower. A simple solution to this threat was found: the ravens' wings have been clipped so that they cannot fly away.

The ubiquitous symbol in Great Britain is the head of the monarch, which appears on postage stamps, coins and banknotes. One side of modern banknotes bears the head of the Queen, the other side a portrait of a famous person. The first to be honoured in this way was William Shakespeare, on the £ 20 note in 1970. The latest banknotes feature Winston Churchill (£ 5), Jane Austen (£ 10) and J. M. W. Turner (£ 20) – a statesman, a novelist and a painter. It would probably be wrong to link the value of the banknotes to the importance of the people who are depicted, but it is interesting to see which other candidates were on the shortlist when Turner was chosen: Charlie Chaplin; Barbara Hepworth (1903–75), a sculptor; Josiah Wedgwood (1730–95), a pioneer in the pottery industry; and William Hogarth (1697–1764), another painter. Why not John Lennon or Mick Jagger? Perhaps the Queen was unwilling to be associated with them so closely.

hier stattfanden, denn Raben galten ja seit Langem als Unglücksvögel. Eine Legende besagt, dass die Krone von England dem Untergang geweiht ist, wenn die Raben den Tower verlassen. Dieser Gefahr hat man auf einfache Weise vorgebeugt und den Raben die Flügel gestutzt, so dass sie nicht davonfliegen können.

Ein allgegenwärtiges Symbol in Großbritannien ist das Haupt der Königin oder des Königs, das man auf Briefmarken, Münzen und Banknoten findet. Heutige Geldscheine tragen auf der einen Seite das Porträt der Königin und auf der anderen Seite das einer berühmten Person. Der Erste, dem diese Ehre zuteilwurde, war William Shakespeare auf der Zwanzigpfundnote von 1970. Auf den neuesten Banknoten findet man Winston Churchill (£5), Jane Austen (£10) und J. M. W. Turner (£20) – einen Staatsmann, eine Romanautorin und einen Maler. Es wäre wahrscheinlich abwegig, den Wert der Geldscheine mit der Bedeutung der dargestellten Personen in Verbindung zu bringen, aber es ist doch interessant zu sehen, wer sonst noch auf der Liste stand, als die Wahl auf Turner fiel, nämlich Charlie Chaplin (1889–1977), Barbara Hepworth (1903–1975), eine Bildhauerin, Josiah Wedgwood (1730–1795), ein bedeutender Porzellanhersteller, und William Hogarth (1697–1764), ebenfalls ein Maler. Aber warum nicht John Lennon oder Mick Jagger? Vielleicht war der Königin eine so enge Verbindung mit ihnen nicht recht.

The County Show

Many English people love the countryside and like to idealise rural life, even if they don't really want to live in the country. Through popular outdoor activities – growing vegetables and flowers in their gardens or walking their dogs – town dwellers feel they are getting a taste of country life.

For deep insights into these attitudes, visit a county show – a cross between a real agricultural fair for the local economy and entertainment for all the family. Farmers enter their animals for competitions for the finest bull or ram, and demonstrate the skills of their dogs at rounding up a herd of sheep. All kinds of food made by small producers, from bottled fruit juice and local cheese to artisan-made ice cream and sausages, are sold from stands. There are craft items, for example willow baskets and carved walking sticks, and rustic clothing such as tweed caps, Wellington boots and wax jackets.

A real delight, especially at smaller events such as flower shows and village fairs, are the tents filled with competition entries that have received awards from the judges. Proud gardeners display huge carrots or unbelievably long leeks, the roots carefully cleaned of soil and straightened out. Other contests are about ap-

Die County Show

Viele Engländerinnen und Engländer lieben die ländlichen Gegenden und schwärmen für das Landleben, auch wenn sie selbst nicht auf dem Land wohnen möchten. Städter halten sich gern an der frischen Luft auf, bauen in ihrem Garten Gemüse oder Blumen an, gehen mit ihrem Hund spazieren und glauben, auf diese Weise ein wenig am Landleben teilzuhaben.

Um einen besseren Eindruck von dieser Denkweise zu bekommen, sollte man eine County Show besuchen, eine Kreuzung zwischen einer Ausstellung der regionalen Landwirtschaft und Vergnügungen für die ganze Familie. Bauern bringen ihre Tiere zum Wettbewerb um den prächtigsten Bullen oder Schafbock und führen vor, wie geschickt ihre Hunde eine Schafherde zusammentreiben können. Kleinbetriebe haben Stände, an denen sie allerhand Lebensmittel verkaufen – von Flaschen mit Obstsäften und besonderen Käsesorten bis zu Eisspezialitäten und Wurstwaren. Es gibt auch Handwerksartikel, zum Beispiel Weidenkörbe und geschnitzte Wanderstöcke oder wetterfeste Kleidung wie Tweedmützen, Gummistiefel und gewachste Jacken.

Besonders schön, vor allem bei kleineren Veranstaltungen wie Gartenausstellungen und Dorffesten, sind die Zelte, in denen alles zu sehen ist, was Auszeichnungen erhalten hat. Stolze Gärtner stellen riesige Karotten oder unglaublich lange Lauchstangen aus, alle sorgfältig von Gartenerde gesäubert und schön angeordnet. Bei anderen Wettbewerben geht es eher um Aussehen und Geschmack

pearance or taste rather than size: "five toma-toes arranged on a plate", fuchsias and dahlias, strawberry jam and sponge cake.

The entertainments might include an obsta-cle course for dogs, which is guaranteed to raise a laugh. Usually a horse-jumping contest takes place in an arena in the middle of the show-ground. And if you like eccentric activities, how about ferret racing?

als um Größe: «fünf auf einem Teller arrangierte Tomaten», Fuchsien und Dahlien, Erdbeermarmelade und Biskuitkuchen.

Zu den Vergnügungen gehört manchmal ein Hindernisrennen für Hunde, etwas, das einen mit Sicherheit zum Lachen bringt. Ein Springreitturnier findet gewöhnlich auf einem Platz in der Mitte des Ausstellungsgeländes statt. Und wer etwas Kurioses sehen will: Wie wäre es mit einem Frettchenrennen?

Christians and Jedi Knights

Looking at the huge number of churches in English towns, you might get the impression that this is a land of enthusiastic Christians. In fact Britain is one of the least religious countries in the world. In 2016 an institution called the National Centre for Social Research, which carries out regular surveys of such questions, found that more than half of British people said they had no religion. The proportion of believers has declined steadily for decades, and is especially low among young people. Only one religious group, the Roman Catholic church, received a boost in the twenty-first century, but this has nothing to do with the English: from 2004 onwards, more than nine hundred thousand Poles came to live in Britain.

The reason for the large number of church buildings is the diversity of Christian beliefs. In addition to the Church of England, there are old-established Protestant groups such as Baptists, Quakers and Methodists, all with their own places of worship. The Church of England has fewer than one million weekly worshippers, but sixteen thousand churches.

Every ten years a population census is carried out. It includes a question about religious belief. According to the results in 2011, 5 per cent of the English population are Muslims and 1.5 per cent are Hindus. One hundred and seventy-six thousand people declared themselves to be Jedi knights, and six thousand gave their religion as "heavy metal".

Christen und Jedi-Ritter

Wenn man die vielen Kirchen in englischen Städten sieht, könnte man denken, dies sei ein Land guter Christen. Tatsächlich aber ist Großbritannien eines der am wenigsten religiösen Länder der Erde. 2016 ermittelte das National Centre for Social Research, eine Organisation, die regelmäßig Untersuchungen zu derartigen Fragen anstellt, dass mehr als die Hälfte der Briten angaben, keiner Religion anzugehören. Seit Jahrzehnten ist der Anteil der Gläubigen rückläufig, und unter jungen Menschen ist er besonders niedrig. Nur eine Religionsgemeinschaft, die römisch-katholische, ist im einundzwanzigsten Jahrhundert kräftig gewachsen, aber das lag nicht an den Engländern. Seit 2004 haben sich mehr als neunhunderttausend Polen in Großbritannien niedergelassen.

Dass es so viele Kirchen gibt, liegt an der Vielzahl christlicher Konfessionen. Neben der Church of England gibt es protestantische Gruppen wie Baptisten, Quäker und Methodisten, die alle eine lange Geschichte und ihre jeweils eigenen Kirchen haben. Die Church of England zählt weniger als eine Million Kirchgänger pro Woche, hat aber sechzehntausend Kirchen.

Alle zehn Jahre findet eine Volkszählung statt. Sie enthält auch eine Frage zur Religionszugehörigkeit. Danach waren im Jahr 2011 5 Prozent der englischen Bevölkerung Muslime und 1,5 Prozent Hindus. Einhundertsechsundsiebzigtausend Personen bezeichneten sich als Jedi-Ritter, und sechstausend gaben als Religion « Heavy Metal » an.

Cricket

In contrast to football and tennis, the classic
English summer sport has not been exported to
the whole world. Cricket is the national game in
India and Pakistan, and is popular in other countries that used to be part of the British Empire,
for example Australia and South Africa, but visitors from the rest of Europe who see cricket being played on school fields or a village green find
it puzzling. It is almost impossible to understand
all the subtleties of the rules unless you have
known the game from childhood. Baseball has
some similarities: a ball is thrown by one player
(the bowler) to another player holding a bat (the
batsman). If the batsman succeeds in hitting the
ball, he (or she!) starts to run to and fro between
two "wickets" (see below), which are twenty-
two yards apart, scoring points in this way. The
players on the other team try to catch the ball
and throw it back.

This is a very crude summary. In fact it is not
allowed to *throw* the ball at the batsman. It has
to be *bowled*, which means moving a straight
arm over the head in a smooth, circular motion
without bending it. The bowler aims at the wicket: three upright pieces of wood with two smaller
pieces (the bails) balanced on top of them. When
the English team lost to Australia for the first
time, in 1882, a newspaper announced that

Kricket

Im Gegensatz zu Fußball und Tennis ist der klassische englische Sommersport nicht in alle Welt exportiert worden. Kricket ist der Nationalsport in Indien und Pakistan, und in anderen Ländern, die früher zum britischen Empire gehörten, ist es ebenfalls beliebt, zum Beispiel in Australien und Südafrika. Sehen aber Besucher aus dem übrigen Europa zu, wenn auf Schulsportplätzen oder einer Dorfwiese Kricket gespielt wird, finden sie diese Sportart unverständlich. Es ist so gut wie unmöglich, die vielen Feinheiten der Spielregeln zu verstehen, wenn man damit nicht aufgewachsen ist. Baseball besitzt einige Ähnlichkeiten: Einer der Spieler (der *bowler*) wirft einem anderen, der einen Schläger hält (dem *batsman*), einen Ball zu. Wenn es dem *batsman* gelingt, den Ball wegzuschlagen, rennt er (oder sie!) zwischen zwei *wickets* (s. u.), die zweiundzwanzig Yards, also etwa zwanzig Meter, auseinanderliegen, hin und her, und gewinnt damit Punkte. Die Spieler der anderen Mannschaft versuchen, den Ball zu fangen und zurückzuwerfen.

Das ist eine sehr grobe Vereinfachung. Es ist nämlich nicht gestattet, dem batsman den Ball zuzu*werfen*. Die Wurftechnik heißt *bowlen*, was bedeutet, dass mit dem gestreckten Wurfarm eine geschmeidige Kreisbewegung über den Kopf ausgeführt wird, ohne den Arm dabei zu beugen. Der *bowler* zielt dabei auf das *wicket*, das sind drei aufrechte Holzstäbe, auf denen zwei kleinere Stäbchen (die *bails*) aufliegen. Als die englische Mannschaft 1882 zum ersten Mal gegen Australien verlor, schrieb eine

English cricket had died and "the body will be cremated and the ashes taken to Australia". Since then, the most important trophy in international cricket has been a small urn containing the ashes of a burnt bail. It is kept in a museum at Lord's Cricket Ground in London along with some other eccentric exhibits, including a stuffed sparrow that was once killed by a cricket ball.

The game can last for hours, even days. International matches have a standard maximum length of five days, with three periods of two hours per day, and a break for lunch and tea-time in between. Sometimes this total of thirty hours is not enough to complete the game, which then ends in a draw. The limit of five days was introduced when a match between England and South Africa in 1939 was abandoned unfinished after nine days because the English team had to take a ship back home. To meet the commercial needs of modern professional sport, shorter formats have been introduced that last only a few hours. Needless to say, purists disapprove of this. "God invented cricket to give the English an idea of eternity," it was once said.

Zeitung, das englische Kricketspiel sei gestorben, «sein Leichnam wird eingeäschert und die Asche nach Australien geschickt». Seither ist die wichtigste Trophäe im internationalen Kricketsport eine kleine Urne, die die Asche eines verbrannten *bail* enthält. Sie wird in einem Museum am Lord's Cricket Ground in London aufbewahrt, zusammen mit einigen anderen wunderlichen Ausstellungsstücken, zu denen auch ein ausgestopfter Sperling gehört, der einst von einem Kricketball erschlagen wurde.

Ein Spiel kann viele Stunden und sogar Tage dauern. Die vorgeschriebene Dauer internationaler Turniere beträgt fünf Tage. Jeder Tag ist in drei Phasen von je zwei Stunden eingeteilt, mit Pausen für Mittagessen und Nachmittagstee. Manchmal reichen diese insgesamt dreißig Stunden nicht aus, um das Spiel abzuschließen, und es endet dann unentschieden. Die Fünftagegrenze wurde eingeführt, als ein Match zwischen England und Südafrika 1939 nach neun Tagen ohne Ergebnis abgebrochen wurde, da die Engländer ihr Schiff für die Heimreise erreichen mussten. Um den kommerziellen Interessen des modernen Berufssports entgegenzukommen, hat man kürzere Varianten eingeführt, die nur einige Stunden dauern. Puristen lehnen das selbstverständlich ab. Irgendjemand hat mal gesagt: «Der liebe Gott hat Kricket erfunden, um den Engländern klarzumachen, was Ewigkeit bedeutet.»

Winter Festivities

The English have their own characteristic way of
celebrating Christmas. "Merry Christmas", they
say, and the emphasis is often on the word "merry".
If you tell them that, in the German-speaking
world, people wish each other a "contemplative"
Christmas (this is probably the most satisfactory
translation of "besinnlich"), they react with disbe-
lief. You can be contemplative on Good Friday, if
you are a Christian believer, or on Armistice Day
(11 November, the day of commemoration for vic-
tims of war), but Christmas is the time to be merry.

Of course there are English Christians for whom
the festival means more than over-eating and having
a consumer orgy. They sing 'Silent Night' in church
and pray for peace on earth. But Christmas Eve is
also one of the busiest nights of the year in pubs.
Alcohol-fuelled office parties in December are noto-
rious events, when people do things that they regret
but can hardly forget, because on every working day
they see the colleagues involved. This behaviour
keeps up old traditions, when a season of unruly celebrations ended on Twelfth Night (5 January in the
Church of England). Only in the nineteenth century
did Christmas become a family event.

Perhaps the English need to have fun at
Christmas because they don't celebrate Carnival,
Mardi Gras or Fasching. Carnival in England is a
parade in summer, for example the Notting Hill

Winterliche Vergnügen

Die Engländer feiern Weihnachten auf ihre eigene Weise. Sie rufen einander «Fröhliche Weihnachten» zu, und die Betonung liegt dabei oft auf «fröhlich». Wenn man ihnen sagt, dass die Menschen in den deutschsprachigen Ländern sich ein «besinnliches Weihnachtsfest» wünschen, können sie es kaum glauben. Besinnlich kann man am Karfreitag sein, falls man ein Christ ist, oder am 11. November, dem Armistice Day, wenn der Kriegsopfer gedacht wird, aber Weihnachten ist eine Zeit, um fröhlich zu sein.

Selbstverständlich gibt es auch in England Christen, denen dieses Fest mehr bedeutet als Völlerei und Konsumrausch. Sie singen in der Kirche ‹Stille Nacht›, und beten für den Frieden in der Welt. Aber am Heiligabend herrscht auch in den Kneipen Hochbetrieb. Alkoholisierte Betriebsfeste im Dezember sind dafür berüchtigt, dass Leute Dinge tun, die sie später bereuen, aber kaum je vergessen können, weil sie täglich die Arbeitskollegen treffen, die mit dabei waren. Dieses Verhalten knüpft an eine alte Tradition an, an eine Zeit wilden Treibens während der zwölf Raunächte, die mit dem Dreikönigstag, dem 5. Januar in der Church of England, endete. Erst im neunzehnten Jahrhundert wurde Weihnachten zu einem Familienfest.

Vielleicht müssen die Engländer an Weihnachten ihren Spaß haben, weil sie Karneval, Mardi Gras oder Fasching nicht kennen. «Carnival» ist in England ein bunter Straßenumzug im Sommer, zum Beispiel der Notting Hill

Carnival in late August. Riotous festivities before the start of Lent disappeared long ago, except for the custom of eating pancakes on Shrove Tuesday (the day before Ash Wednesday), and eccentric events associated with this. Some towns hold a pancake race, where participants run through the streets holding frying pans, tossing pancakes into the air and trying to catch them again in the pan. Pupils at Westminster School in London fight over an enormous pancake. The winner is the one who gets the largest piece. And in the town of Ashbourne in Derbyshire they play a chaotic game called Royal Shrovetide Football. The match has two halves, lasting eight hours each, and the distance between the goals is three miles.

Winter is also the pantomime season. "Pantomime" does not mean the art of silent acting, as practised by Marcel Marceau. It is popular theatre, mainly for children, with singing, dancing, lots of slapstick comedy and perhaps some topical political jokes for the adults. The play is based very loosely on a fairy tale or folk story, such as Cinderella, Aladdin or Robin Hood – but Robin Hood is traditionally played by a woman, and there is always a man in a comic role dressed as a woman. The audience sing along and the children shout until they are hoarse. When the "big bad wolf" appears at the back of the stage, they shout "He's behind you!" to the hero, who pretends not to notice till every child is screaming and red in the face.

Carnival Ende August. Ausgelassene Feiern vor dem Beginn der Fastenzeit gibt es schon lange nicht mehr, abgesehen von dem Brauch, am Fastnachtsdienstag, dem Tag vor Aschermittwoch, Pfannkuchen zu verzehren, und einigen närrischen Veranstaltungen, die damit zusammenhängen. In manchen Orten finden Pfannkuchenrennen statt, bei denen die Teilnehmer mit einer Pfanne in der Hand durch die Straßen eilen, dabei Pfannkuchen in die Luft werfen und versuchen, sie wieder in der Pfanne aufzufangen. Schüler der Westminster School in London kämpfen um einen riesigen Pfannkuchen. Wer das größte Stück erwischt, hat gewonnen. Und in dem Städtchen Ashbourne in Derbyshire tragen sie ein chaotisches Spiel namens «Royal Shrovetide Football» aus, mit zwei Halbzeiten von je acht Stunden und einer Entfernung zwischen den Toren von drei Meilen.

Der Winter ist auch die Saison der *pantomimes*. Damit ist aber nicht die Kunst der stummen Darstellung gemeint, wie man sie von Marcel Marceau kennt. «Pantomime» ist eine populäre Form des Theaters, hauptsächlich für Kinder, mit Gesang, Tanz, viel Slapstickkomik und gelegentlich aktuellen politischen Witzen für die Erwachsenen. Die Handlung beruht in groben Zügen auf einem Märchen oder einer Volkserzählung wie etwa Aschenputtel, Aladin und die Wunderlampe oder Robin Hood – wobei Robin Hood traditionell von einer Frau gespielt wird, und immer gibt es eine komische Rolle für einen Mann, der als Frau verkleidet ist. Das Publikum singt mit, und die Kinder schreien sich heiser. Wenn der «böse Wolf» hinten auf der Bühne erscheint, rufen sie dem Helden «Er ist hinter dir!» zu, aber der tut so, als merke er nichts, bis alle Kinder vor Geschrei hochrote Köpfe haben.

Greetings Cards

On most English high streets at least one shop specialises in selling greetings cards, and several more, including gift shops and post offices, stock cards as part of their assortment. The English send or hand over huge numbers of cards, for all sorts of reasons. The main occasions are birthdays and Christmas, but the opportunities are endless: condolences, Easter, a wedding anniversary, getting engaged or married, passing examinations or a driving test, moving into a new home or having a baby.

The cards industry caters to this passion by producing very specific greetings. It would be too simple and probably less profitable to make an all-purpose card with a nice picture, and allow the sender to decide whether to write "Happy birthday" or "Good luck in your new job". The printed messages say "For a special uncle at Christmas" or "To grandma on her ninetieth birthday". They also reflect developments in society: you can buy Christmas cards with the text "To my brother and his lovely boyfriend", showing two men kissing, surrounded by snowflakes and glitter. "To my niece and her partner" means either that the niece has not married her live-in boyfriend, or the partner is a woman. Card shops have rows and rows of

Grußkarten

An den meisten englischen Hauptgeschäftsstraßen gibt es mindestens ein Geschäft, das auf Grußkarten spezialisiert ist, und viele andere wie Andenkenläden und Postämter haben auch solche Karten im Angebot. Die Engländer verschicken oder überreichen unzählige Karten zu den verschiedensten Anlässen. Hauptsächlich sind das Geburtstage und Weihnachten, aber es gibt noch viele weitere Gelegenheiten: Todesfälle, Ostern, ein Hochzeitsjubiläum, eine Verlobung oder Trauung, ein bestandenes Examen oder eine Führerscheinprüfung, ein Umzug oder die Geburt eines Babys.

Die Grußkartenhersteller tragen dieser Leidenschaft Rechnung, indem sie Karten mit ganz spezifischen Grüßen drucken. Es wäre zu einfach und wahrscheinlich auch weniger einträglich, eine Allzweckkarte mit einem hübschen Bild herzustellen und es dem Sender zu überlassen, ob er «Herzliche Glückwünsche zum Geburtstag» oder «Alles Gute am neuen Arbeitsplatz» draufschreiben will. Die gedruckten Mitteilungen lauten «Meinem Lieblingsonkel zu Weihnachten» oder «Für Oma zu ihrem Neunzigsten». Sie spiegeln auch neuere Entwicklungen in unserer Gesellschaft wider. Zum Beispiel kann man Weihnachtskarten kaufen, auf denen «Für meinen Bruder und seinen wundervollen Freund» steht und die zwei Männer zeigen, die sich küssen und von Schneeflocken und Glimmer umgeben sind. «To my niece and her partner» kann heißen, dass die Nichte mit dem Freund, mit dem sie zusammenlebt, nicht verheiratet ist oder dass es sich um eine

shelves, divided into departments for "Mother", "Husband" and so on. Some cards bear a jokey, even risqué message, others a sentimental verse.

Postmen have a back-breaking job before Christmas, but not all cards are sent by post. It is perfectly normal to give a Christmas card in person to someone whom you see every day of the year. Even husbands and wives exchange cards, which are put on the mantelpiece or pinned to the walls – it is not uncommon to see well over one hundred cards in an English home at Christmas. And size matters: for a person who is close to you, a small card will not do!

Partnerin handelt. Die Geschäfte sortieren die Karten auf den langen Regalen nach solchen für «Mutter», «Ehemann» und so weiter. Manchmal ist der Text auf diesen Karten humorvoll oder auch zweideutig, andere enthalten ein paar rührende Verse.

In der Zeit vor Weihnachten haben die Briefträger schwer zu schleppen, aber nicht alle Karten werden mit der Post geschickt. Es ist durchaus üblich, jemandem, den man täglich sieht, eine Weihnachtskarte persönlich zu übergeben. Sogar Eheleute tauschen solche Karten aus, die dann auf den Kaminsims gestellt oder an die Wand geheftet werden. Nicht selten sieht man an Weihnachten in einem englischen Haushalt mehr als hundert Karten. Und die Größe spielt durchaus eine Rolle: Für jemanden, der einem nahe steht, kommt eine kleine Karte nicht infrage!

A Cute Little Thug

Among the hundreds of millions of Christmas cards that are sent each year in England, probably several million depict the nation's favourite bird: the robin. Imagine a snowy garden scene, a spade stuck into the ground, and a small bird with a bright red breast sitting on the spade handle. In winter, when trees and gardens have lost their colour, the robin's feathers glow. This bird is also familiar to the English because they love gardening. It eats insects and grubs when the earth is disturbed by digging, and often perches on a branch close to the gardener to see what is on the menu.

So robins look cute, seem to be attached to humans, and bring brightness at a grey time of year. Ornithologists, however, are spoilsports. They point out that robins are vicious murderers that defend their territory against fellow robins and other species with great aggression. Researchers found that they even attack stuffed robins and little bundles of red feathers. The red breast and the sweet song are warnings, which we humans misinterpret.

This unwelcome truth makes no difference to the Christmas card industry. The association of greetings cards with robins goes back a long way. In Queen Victoria's day, postmen wore red coats and thus got the nickname "robin". Christmas

Ein süßer kleiner Rowdy

Von den Abermillionen Weihnachtskarten, die jährlich in England verschickt werden, ist wahrscheinlich auf mehreren Millionen der Lieblingsvogel der Nation zu sehen: das Rotkehlchen. Stellen Sie sich einen schneebedeckten Garten vor, im Boden steckt ein Spaten, und auf dem Spatengriff sitzt ein Vögelchen mit leuchtend roter Brust. Im Winter, wenn Bäume und Gärten ihre Farbe verloren haben, strahlt das Gefieder des Rotkehlchens. Es ist den Engländern auch deshalb wohlvertraut, weil sie gerne im Garten arbeiten. Wenn die Erde umgegraben wird, frisst dieser Vogel die Insekten und Maden, und oft sitzt er in der Nähe des Gärtners auf einem Ast und sieht nach, was auf der Speisekarte steht.

Rotkehlchen sehen also niedlich aus, suchen anscheinend die Nähe der Menschen und bringen etwas Farbe in die graue Jahreszeit. Vogelkundler sorgen da aber für Ernüchterung. Sie weisen darauf hin, dass Rotkehlchen ruchlose Mörder sind, die ihr Revier äußerst aggressiv gegen Artgenossen und andere Vögel verteidigen. Forscher haben festgestellt, dass sie sogar ausgestopfte Rotkehlchen und kleine Bündel roter Federn angreifen. Ihre rote Brust und ihr lieblicher Gesang sind also Warnzeichen, die wir Menschen falsch deuten.

Diese unschöne Wahrheit stört die Weihnachtskartenhersteller jedoch nicht. Die Verbindung von Grußkarten und Rotkehlchen hat eine lange Geschichte. In viktorianischer Zeit trugen Postboten eine rote Jacke und wurden deshalb «Rotkehlchen» genannt. Auf Weihnachtskarten

cards from that era depicted robins with letters in their beaks. So these appealing little birds are a well-established national symbol. They defend their territory and make a lot of noise. Did anyone say "Brexit"?

aus dieser Zeit sieht man Rotkehlchen, die einen Brief im Schnabel tragen. Diese liebenswerten Vögelchen haben also einen festen Platz unter den nationalen Symbolen. Sie verteidigen ihr Territorium und machen viel Lärm. Hat da etwa jemand «Brexit» gesagt?

Afterword

When George Orwell wrote his essay on English-ness, 'The Lion and the Unicorn', in 1940, he was aware of the danger of making generalisations: "Are there really such things as nations? Are we not forty-six million individuals, all different? And the diversity of it, the chaos!"

Nevertheless, he was convinced that countries have their special characteristics. He thought Englishness was connected with "solid breakfasts and gloomy Sundays, smoky towns and winding roads, green fields and red pillar-boxes".

Times change. English fields are still green and the pillar boxes red, but post-industrial towns are no longer smoky and Sunday is definitely not a gloomy day when there is nothing to do. It's a shopping day now, like all the others. Changes are greatest in large cities, especially London, which is, alongside New York, the world's most cosmopolitan place, and sometimes seems like a separate country.

Every statement about "what the English are like" could be contradicted by someone who has a different impression. The English are fair and polite? Look how their politicians behave! The best course is to go there and make up your own mind. Let's give George Orwell the last word: "When you come back to England from any foreign country, you have immediately the sensation of breathing a different air."

Nachwort

Als George Orwell 1940 seinen Essay über englische Eigenschaften, ‹The Lion and the Unicorn›, schrieb, da war er sich der Gefahr von Verallgemeinerungen bewusst. «Gibt es wirklich so etwas wie Nationen? Sind wir nicht sechsundvierzig Millionen Individuen, alle ganz verschieden? Diese Vielfalt, dieses Chaos!»

Dennoch war er davon überzeugt, dass Länder ihre besonderen Eigenschaften haben. Englisch zu sein, so meinte er, habe etwas mit «herzhaftem Frühstück und trüben Sonntagen zu tun, mit Städten voller Rauch und mit gewundenen Landstraßen, grünen Feldern und roten Briefkästen».

Die Zeiten ändern sich. Die englischen Felder sind immer noch grün und die Briefkästen rot, aber die Städte der nachindustriellen Zeit sind nicht mehr voller Rauch, und der Sonntag ist gewiss nicht mehr trüb, weil nichts los ist. Heute ist es ein Einkaufstag wie jeder andere. In den Städten ist der Wandel besonders groß, vor allem in London, das neben New York der kosmopolitischste Ort auf Erden ist und das einem manchmal so vorkommt, als wäre es ein Land für sich.

Jeder Aussage darüber, «wie die Engländer ticken», kann jemand widersprechen, der einen anderen Eindruck hat. Die Engländer sollen fair und höflich sein? Dann seht euch an, wie sich ihre Politiker aufführen! Am besten fährt man hin und macht sich sein eigenes Bild. Das letzte Wort soll George Orwell haben: «Wenn man aus einem anderen Land nach England zurückkehrt, dann hat man sofort das Gefühl, eine andere Luft zu atmen.»

Inhalt